한동훈, 그는 누구인가

훈풍이 분다

목련이 피는 봄이 오면
국민들의 사랑을 받기를
국민들의 선택을 받기를 고대합니다.

— 한동훈 2024. 2. 7. —

제3편

한동훈의 법치·인권 마인드

제4편

한동훈의 민주주의와 시장경제 마인드

부록

한동훈 주요 연설

한동훈 주요 어록

한동훈 약력

책을 펴내며

우리나라 정치권은 부침이 심하다. 본 책이 집필되는 기간에도 정치권의 풍랑이 심했다. 편집부에서도 가다서다 혼란이 있었다.

한동훈은 윤석열 정부가 들어서고 법무부장관이 된 이후 정치권의 '핫 피플'이 되었다. 법무부장관으로 등장한 이후에는 정치계의 아이돌이라 표현할 수 있을 정도이다. 어쨌든 1987 정치 체제의 변화를 갈구하는 국민에게 1973년생 한동훈 법무부장관은 정치권에서 핫한 인물인 것은 부인할 수 없다.

그의 장관 취임사부터 시작하여 그의 입으로부터 나온 온갖 공식·비공식 언어들은 세간의 이목을 끌었다. 이미 그의 어록이 생산되어 SNS를 떠돌 정도였고 그의 입으로부터 나온 말들이 「한동훈 스피치」, 「한동훈의 라스트 스피치」라는 책으로 세 권이나 출판되었고, 「73년생 한동훈」이라는 제목으로 사회현상을 분석하는 책도 나왔으니 그냥 지나칠 일은 아니다. 이미 윤석열 대통령을 계승할 보수의 아이콘, 보수를 이끌어 나갈 차기 지도자로까지 부각되었다. 그가 앞으로 어디까지 나아갈지, 차기 대권까지 거머쥘 지는 모르겠다. 그러나 현재 제22대 총선을 앞두고 여러가지 쓰임새로 논의되다가 국민의힘 비상대책위원장이 되었고, 보수의 새로운 지평을 열기를 바라는 보수 계층, 나아가 기대하는 국민에게 한동훈이라는 인물은 기대주다.

그런 측면에서 한동훈이라는 인물에 접근해보고, 한동훈을 탐구해 보는 것은 오피니언 리더들에게 필요한 작업이 될 것이다. 오랜 기간 정치를 하며 국민과의 현장에서 고락을 함께하며 정점에 이르는 과거의 전통적 정치 시대는 지나가고 있다. 정치에서도 BTS나 뉴진스처럼 우리에게 스타로 다가오는 시대가 되었다.

한동훈이 시중에 회자되기 시작한 것, 뉴스에 나오기 시작한 것은 조국 수사를 진행하며 문재인 정권으로부터 핍박을 받으며 좌천되기 시작하면서였다. 본 책을 기획하면서 찾은 자료에 의하면 한동훈이 제대로 언론에 나온 것은 세 번째 좌천되어 법무연수원 연구위원으로 있을 때인 2021년 2월 13일 인터뷰를 하여 2월 15일자 조선일보 27면 전면에 나온 것이다. 한동훈이라는 사람을 이해할 수 있는 본격 인터뷰라고 할 수 있다.

그 인터뷰에서 한동훈은 처음으로 자신의 철학, 마인드맵을 노출시켰다. 그 이후 수없는 방송과 언론 지상에 '핫 피플'이 되어 자신의 마인드(觀)를 노출시켜 왔다. 2021년 인터뷰 이후 3년이 된 지금 한동훈은 좌천 인사에서 법무부장관을 거쳐 국민의힘 비상대책위원장이 되었다. 그리고 자신을 핍박했던 측과의 일전을 앞두고 있다.

지난 3년 동안 시중에 이슈가 되며 그가 사용해 온 용어들은 다양하게 확대되었다. 그 과정을 살펴보면 한동훈 마인드의 본질은 변함이 없다. 다만, 다양한 어휘로 자신의 마인드와 철학을 국민에게 보여 왔다. 그동안 한동훈 국민의힘 비상대책위원장*이 했던 수많은 언어들에 대한 분류

＊
한동훈에게 어울리는 직함은 법무부장관인 것 같으나 현재는 국민의힘 비상대책위원장이니 만큼 문장의 함의에 따라 한동훈, 한동훈 비상대책위원장(비대위원장) 등으로 적절히 사용하고자 한다.

와 분석을 통해 그의 마인드(觀)를 정리해 본다. 그리고 새로운 리더로 부상한 한동훈에 대해 알아보는 안내서로 제공해 본다.

제22대 총선 이후 한동훈은 어디에서, 얼마나, 어떻게 국민과 접해있을지 알 수 없다. 그러나 이 시점에서 새롭게 떠오르는 리더인 한동훈의 생각을 알아보는 것, 알 수 있는 안내를 하는 것은 괜찮은 서비스가 될 것이다. 어쩌면 언론과 출판에 관여하는 이들이 해야할 일이기도 하다.

본사 편집실은 증대하는 국민적, 사회적 호기심과 나아가 21세기의 첫 번째 분기를 마치고 두 번째 분기를 맞는 시점에서 새로운 파도, 신선한 물결로 밀려오는, 훈풍으로 불어오는 한동훈이라는 인물에 대해 접근해 보고자 한다.

기존에 출판된 한동훈 관련 책과 각종 언론 기사, 유튜브 등 각종 정보들이 자료로 참고가 되었음을 밝힌다.

2024년 3월 1일
발행인

제1편

한동훈 신드롬

한동훈 현상, 한동훈 신드롬

'디테일'에 강한 리더십

MZ와도 통할 수 있는 소통능력

거침없는 직설화법

한동훈 현상,
한동훈 신드롬

　정치권에서 뿐만 아니라 사회적으로도 한동훈 현상은 하나의 신드롬에 가깝다. 특히나 보수 쪽의 성향을 가진 층에서는 특별하다.

　이대근 우석대 교수는 "한동훈은 한국 정치에서 하나의 사건이다" "윤석열 대통령 말에 시큰둥하던 사람들도 그의 한마디 한마디는 주목한다. 집권당 의원, 당원, 지지자들은 이 정치 신인에게 경의를 표하며 기꺼이 그의 지도를 받아들인다"(경향신문 2024.1.16.)고 평했다. 그리고 "한동훈은 윤 대통령이 갖지 못한 것을 갖고 있다. 하나는 보수층이 강조하는 '똑똑하다' '젊다'라는 긍정적 특성이다"라는 것이고, "다른 하나는 야당에 대한 효과적인 공격이다. 한동훈처럼 야당, 야당 지도자를 미워하는 마음을 갖게 만드는 재능이 있는 정치인은 없었다"고 평가했다.

　김순덕 동아일보 대기자는 "한동훈이 윤석열 아바타는 아니라고 본다. 검찰 때 일 잘해 윤 대통령 총애를 받았다지만 첫째, 한동훈은 술을 입에도 못 대기 때문이다. 둘째, 구리구리한 꼰대가 아니다. 셋째, 옷도 잘 입고 정제된 언어로 말도 잘해서다"라고 했다.(동아일보 2023.12.21.)

　이정민 칼럼니스트는 "깔끔한 외모와 패션 감각, 스마트하고 정의로운 검사 이미지, 야당 의원들을 KO패로 몰아붙이는 속사포 설전을 통해 노쇠하고 나약한 보수도, 낡고 부패한 운동권 진보도 모두 밀어내며 신선한 바람을 불러일으켰다"고 표현했다.(중앙일보 2024.1.6.)

　한동훈에 대한 위의 예시는 한동훈 현상, 한동훈 신드롬이 발생한 원인에 대한 분석이다. 그러나 그를 부정적으로 보거나 깎아 내리려는 사람들은 한동훈 위원장을 윤석열 대통령과 한 묶음으로 보아 '윤석열 아바타'로 만든다. "'X세대 윤석열', '수트핏 좋은 윤석열', '책 좋아하는 윤석열', '술 안 마시는 윤석열', '강남 출신 윤석열'일 뿐"(박영환 정치부장, 경향신문 2024.1.8)이라고 하면서 윤석열 대통령의 낮은 국정 지지도와 연결한다. 어떻든 한동훈이 "구름떼 청중을 몰고 다니며 아이돌급 셀럽의 면모를 보이고 있는 점은 총선판이 대선 연장전에 머물지 않을 것임을 말해준다"(진경호 칼럼, 서울신문 2024.1.17)는 것은 정확한 지적이다.

장성호 전 건국대 행정대학원장은 한동훈 현상에 대해 "대중들이 원하는 것은 기존의 정치 문법과는 다른 패턴"이라며 "과거에는 보수와 진보의 진영 논리에 의해 갖춰졌다면 새로운 세대는 실용주의적이고, 한 장관은 그걸 기본적으로 아는 것이다"라고 평했다.(서울신문 2023.12.18.)

즉, 보수의 시각이든 진보의 시각이든 중요한 것은 한동훈은 현재 국민이 원하는 것을 이해하고 있다는 것이고, 앞으로 한동훈의 미래는 그것을 실재에 얼마나 투영하느냐에 달려 있다.

'디테일'에 강한 리더십

한동훈이 법무부장관을 한 지 1년이 지날 무렵 언론은 한동훈 현상, 한동훈 신드롬의 원인을 분석하기 시작했다.

> "
> 윤석열 대통령은 지난해 4월 13일 직접 한동훈 법무부장관 지명을 발표하면서 "법무 행정을 담당할 최적임자이면서, 유창한 영어 실력으로 다양한 국제 업무 경험도 갖췄다"고 말했다. 그러면서 수사뿐 아니라 검찰 내에서 기획 업무 등도 담당한 경험이 있다고 강조했다. 한 장관의 취임 후 1년 행보를 보면 윤 대통령의 말은 빈말이 아니었

다. 윤석열 정부 최연소 국무위원이었던 한 장관은 남다른 소통 능력과 풍부한 실무 경험을 바탕으로 정책 수립 능력을 보여줬다. 정치권 등에서는 윤 대통령의 최측근이라는 관점에서 한 장관을 바라보지만, 그를 법무 행정 책임자로서 평가해야 할 지점도 생각보다 많다. 다만 특수부 검사처럼 직진만 하는 스타일은 여전히 논란이 많다.

— 문화일보 2023.6.5.

"

당시 언론이 한동훈의 강점으로 예를 든 것이 '디테일에 강한 리더십'이다. 그 첫째 사례는 '국가배상법 및 시행령 입법 예고' 브리핑이다. 입법 예고의 주요 내용은 순직 또는 전사한 군인과 경찰의 유가족도 국가를 상대로 정신적 피해에 따른 위자료 배상을 청구할 수 있다는 것이다. 이때 한동훈은 그 개정 배경으로 2015년 8월 입대해 복무 중 급성 백혈병 등으로 사망한 고 홍정기 일병 사건을 예로 들었다.

홍 일병 유가족이 청구한 국가 상대 손해배상 소송에서 법원은 2023년 2월 정부가 유족에게 2,500만 원을 지급하고 책임을 인정하도록 하는 내용의 화해 권고 결정을 내렸지만, 법무부는 이중 배상 금지 규정을 근거로 수용하지 않았다.

그는 "현행 국가배상법상 유족의 위자료 청구권 자체를 인정하기 어려워 화해 권고를 수용하지 않았지만, 유족의 청구를 금지한 것은 이제는 개정할 필요가 있다고 보고 길을 만들어주기로 한 것"이라고 설명했다. 당시 언론은 수많은 국가 상대 소송 중 하나로 지나칠 수 있었지만, 제도의 문제점을 파고들어 개선점을 내놓았다고 평가했다.

둘째 사례가 이른바 '빚 고문' 사건으로도 불리는 '인민혁명당 재건위원회 사건'(인혁당 사건) 피해자들에게 지워진 9억 원대의 배상금 일부와 지연 이자 반환을 면제하도록 한 일이다. 사건은 과거 배상금이 과다 책정돼 이를 지연 이자와 함께 돌려달라는 대법원의 판단에 따른 것이었는데, 생활고에 시달려온 사건 피해자나 유족 대부분은 그동안 진 빚을 갚는 데 이미 가지급금을 써버렸다.

당시 한 장관은 "국민의 억울함을 해소하는 데 진영 논리나 정치 논리가 설 자리는 없을 것"이라고 말했다. 2024년 2월 7일 관훈클럽 토론회에서 이 사례를 다시 언급하며 '국민을 위해서는 진영 논리에 좌우되지 않을 것이며, 어느 쪽이든 정답을 찾으려고 할 것'이라고 설명한 바 있다. 이같은 사례를 두고 당시 언론은 '한동훈의 디테일'에 대해 다음과 같이 평했다.

> "
> 한 장관은 대부분의 법무부 정책 관련 브리핑을 직접하고, 기자들과의 일문일답도 실무자에게 넘기지 않는다. 경험이 많고, 관련 내용을 세세하게 잘 알고 있기 때문에 가능한 일이다. 한 장관은 흔히 '나쁜 놈'을 잡는 특수부 검사로만 인식되고 있지만 법무부 상사법무과, 대검찰청 정책기획과장, 대통령 비서실 행정과 등 다양한 업무 경험을 갖고 있다.
>
> — 문화일보 2023.6.5.
> "

덧붙여 기사는 "한 장관과 일한 경험이 있는 검사장 출신 변호사는 '술은 한 잔도 안 마시고, 필요한 일이라면 밤을 새워서라도 하는 워커홀릭이라 무슨 일을 맡겨도 잘 해냈다'고 그를 평가했다"고 덧붙이고 있다.

한동훈의 '디테일'에 대한 의지는 국민의힘 인재영입위원장을 직접 맡은 데서도 나타난다. 보통 정치권 전략 전술상 세 확대라는 개념에서 누군가를 자리에 앉히는 것이 일반적이다. 그러나 한동훈은 "국민의 선택을 받기 위한 핵심은, 좋은 사람들을 우리 당으로 모이게 하는 것"이라며 직접 인재영입위원장을 맡아 앞장 서겠다고 선언했다.

훈풍이 분다

이러한 결정에 대해 국민의힘 수석대변인은 "한 위원장이 인재영입위원장을 맡겠다는 것은 실무 단계부터 직접 책임지고 인재를 영입하겠다는 취지" "한 위원장이 비공개 회의에서 인재 영입은 비대위 성공의 십중팔구일 만큼 중요한 문제라고 강조했다"라고 했는데 이는 처음부터 디테일하게 접근하겠다는 한동훈 위원장의 의도를 설명해 준다.

　엄경영 시대정신연구소장이 "친윤(친 윤석열) 색채가 강한 이 위원장을 유임시켜 용산의 요구를 일정 부분 수용하면서도, 직접 인재 영입을 담당해 비대위 출범 취지를 퇴색시키지 않겠다는 것"이라고 한 것은 맞는 해석이다.(한국경제신문 2024.1.4.)

　그러나 윤석열 대통령과 용산 대통령실을 파악하고 있는 한동훈 위원장은 용산의 목소리에 맞서 공천 과정에서 자신의 생각을 투영시키려면 본인이 나서지 않고서는 안 된다는 것을 인식하고 있었다고 볼 수 있다. 이는 용산 대통령실과의 갈등에서 잘 나타났고 그 결말은 한동훈 위원장이 "내 임기는 총선 이후까지"라고 하는 결연함을 보임으로써 그의 위치를 공고하게 만들고 정리되었다.

MZ와도 통할 수 있는
소통 능력

　당시 언론이 한동훈의 강점으로 예를 든 또 다른 면이 한동훈의 소통 능력이다. 언론은 이를 'MZ와도 통할 수 있는 소통 능력'이라고까지 표현했다. 당시 기사를 그대로 옮겨 본다.

"

　한 장관은 의전에서 담백을 추구한다. 한 장관은 임명된 후 "향후 모든 보고서, 문서 등에서 법무부 간부를 호칭할 때 '님'자 표현을 사용하지 말라"고 지시했다. '장관님' '차관님' 등의 호칭을 문서에 '장관' '차관' 등으로 적으라는 뜻으로 수평적 관계를 구축하려는 의도다.

　불필요한 의전은 과감하게 생략했다. 한 장관 임명 직후 장관실은 법무부 내부망을 통해 "어떤 상황에서도 차 문을 대신 열거나 닫는 의전은 하지 말아 달라고 부탁했다"며 "장관께서 원치 않으신다고 했다"고 밝혔다.

　장관이 출장 시 이용하던 일등석 자리도 반납했다. 효율성을 높이는 개선에도 나섰다. 과거 장관이 국회에 출석할 때 모든 실·국장들이 국회에 총집결했지만 한 장관 취임 후에는 국회 대기 인원을 감축했다. 관례적인 대기를 최소화한 것이다.

— 문화일보 2023.6.5.

"

　격을 허물려는 한동훈의 의지는 사진에서도 드러난다.

훈풍이 분다

"

장관이 가운데서 사진을 찍으면 경직된 분위기가 연출되는데, 한 장관은 사진의 맨 뒤로 이동해 자연스레 주인공을 행사에 참석한 시민들로 탈바꿈시켰다. 독립유공자 국적 증서를 수여받는 대상으로 어린이가 나타난 경우 무릎을 꿇고 눈을 맞추는 모습도 보였다.

— 문화일보 2023.6.5.

"

2023년 11월 17일 한동훈은 자신의 소통 능력을 보여준다. 이날 법무정책 현장 방문 차 대구를 찾은 한동훈은 일정을 마치고 동대구역에서 기차를 기다리다 사진을 찍어달라는 시민들이 몰리자 예매 표를 취소하고 3시간가량 사진을 촬영했다. 이것은 한동훈이 소통 능력뿐 아니라 정치적 감각도 있다는 것을 보여주는 것이다.

당시, 총선 출마설과 관련한 질문에 한동훈은 "총선이 국민 삶에 중요한 것은 분명하다"고 말했는데 이를 두고 한 언론은 '사실상 정치 데뷔'라 했고, 정치권은 "한 장관이 보수 텃밭에서 사실상 정치 무대에 데뷔한 것"이라는 말까지 했다. 그리고 이어진 12월 21일의 대전 방문, 12월 24일의 울산 방문에서 보여준 시민과의 스킨십 퍼포먼스는 한동훈 바람을 일으키는 데 큰 역할을 했다.

거침없는 직설화법

한동훈은 야당 국회의원과의 대치에서 물러서지 않는 모습으로 각인됐다. 그는 직설화법으로 자신을 공격하는 야당 의원들을 몰아붙이면서 역공을 가하곤 했다. 그러다 보니 왠만한 의원들은 한 장관을 상대로 싸움 걸기를 꺼렸다. 우리가 한동훈이라는 이름에 주목하게 된 사건 중 하나는 2022년 1월 유시민 전 노무현재단 이사장 명예훼손 재판에 증인으로 출석했을 때다.

당시 한동훈은 네 번째 좌천되어 사법연수원 부원장으로 있었다. 그는 4분이 넘는 시간 동안 작심 발언을 했는데 <유시민이 어용 지식인? '친일파 독립 투사'같은 기만… 한동훈의 작심 비판(현장 영상)>이라는 제목의 SBS 뉴스 영상은 2024년 1월 현재 조회수 267만 회를 넘었다.

> "
> 2년 반 전에 조국 수사가 시작됐을 때 유시민 씨가 갑자기 내가 자신의 계좌를 추적했다는 황당한 거짓말을 하기 시작했습니다. 그렇게 시작된 거짓말은 1년 넘게 계속됐고, 권력과 그 추종자들에 의해서 확대 재생산됐습니다.
>
> 조국 수사 등 자기편 권력 비리 수사를 막고 저에게 보복하기 위한 목적이었다고 저는 생각합니다. 그 후 저는 네 번 좌천당하고 두 번 압수 수색을 당하고, 사적인 동선을 CCTV로 사찰당하고, 그리고 후배 검사로부터 독직 폭행을 당했습니다. 저와 제 가족 그리고 주변에 있는 사람들이 통신 사찰을 당했습니다. 물론 저는 유시민 씨나 노무현 재단에 대해 계좌 추적을 한 사실이 전혀 없습니다. 그러나 우선 분명히 해둘 것은 유시민 씨든 그 누구든 간에 죄가 있으면 법에 따라 수사하는 것이 민주주의고 법치주의라는 점입니다.

유시민 씨나 지금 이 권력자들은 마치 자기들은 무슨 짓을 해도 절대 수사하면 안 되는 초헌법적인 특권 계급인 양 행동했습니다. 그러기 위해서 권력이 물라면 물고, 덮으라면 덮는 사냥개 같은 검찰을 만드는 것을 검찰 개혁이라고 사기 치고 거짓말했습니다. 그래서 국민을 속였습니다. 그 결과 권력 비리 수사는 완전히 봉쇄됐고 서민들의 고소 고발장은 알아서 증거 찾아오라는 무책임한 말과 함께 경찰서에서 반려되고 있습니다. 그리고 공수처는 민간인과 언론인을 무차별적으로 사찰하고 있습니다. 있지도 않은 자기 계좌 추적에는 1년 반 동안 그렇게 공개적으로 분노하던 유시민 씨가 정작 전 국민을 불안에 떨게 하는 민간인 사찰에 대해서는 아무 말도 하지 않습니다.

유시민 씨는 자기 스스로를 어용 지식인이라고 했습니다. 지식인의 사명이 약자의 편에서 권위와 권력을 비판하는 거죠. 그렇기 때문에 유시민 씨가 말하는 어용 지식인이라는 말은 마치 삼겹살 좋아하는 채식주의자라든지, 친일파 독립 투사라는 말처럼 그 자체로 대단히 기만적입니다. 저는 지식인이 어용 노릇하기 위해 권력의 청부 업자 역할을 하는 것이 논란의 여지 없이 세상에 유해하다고 생각합니다. 유시민 씨처럼 권력의 뒷배 있고 추종 세력까지 있는 힘 센 사람과 맞서는 것이 힘들고 부담스러운 건 사실입니다만, 제가 이렇게 공개적으로 싸워서 이기지 않으면 유시민 씨나 그 유사품들이 앞으로도 지금까지 그랬던 것 이상으로 권력과 거짓 선동으로 약한 사람들을 잔인하게 괴롭힐 겁니다. 저는 이렇게라도 싸울 수 있지만 힘없는 사람들은 힘없는 국민들은 악소리 못하고 당할 수밖에 없을 겁니다. 그렇기 때문에 제가 지금 이렇게 나서서 대신 싸우려 하는 겁니다.

사실 유시민 씨의 범죄와 유해함을 밝히는 데 저의 오늘 증언까지도 필요하지 않다고 생각합니다. 이 분이 지금까지 이 사안에 대해서 해 온 말과 글, 사과문들을 모아서 한번 살펴보는 것만으로도 충분하다고 생각합니다. 국민들이 시간 좀 지났다고 다 잊었을 거라 생각하고, 자기가 한 말 뒤집고 뻔뻔하게 거짓말하는 것에 속지 않기만 하면 된다고 생각합니다. 그러기 위해서 지금 필요한 것은, 제 생각에는 약간의 기억력과 상식이면 족하다고 생각합니다. 저는 오늘 법정에서 제가 할 말을 충분히 하겠습니다.

저를 구체적으로 지정했고 정확하게 시기도 2019년 11월 말부터 12월 초라고 하지 않았습니까? 거기에 대해 어떻게 그걸 저를 지정하지 않았다고 할 수 있겠습니까? 그건 말도 안 되는 소리죠. 검사가 아니라 일반인, 시민으로 말씀드리면 없는 죄를 만들어서 덮어씌우는 것은 민주국가에서 절대로 있어선 안 되는 일입니다. 그런데 말입니다. 그게 정확하게 이 정권이 저한테 한 일 아닌가요? 그리고 없는 죄를 만들어 덮어씌우는 것만큼 있는 죄를 덮어주는 것도 절대 해서는 안 되는 일이라고 생각합니다.

— 한동훈 사법연수원 부원장 인터뷰 2022.1.27.

"

한동훈을 잘 아는 검사들은 "한 장관은 참과 거짓에 따라 사안을 바라보고 발언한다"며 "한 장관은 어려운 말 없이 원하는 바를 잘 전달한다는 평가를 받는다"고 말한다.(문화일보 2023.6.5.) 어쨌거나 한동훈 신드롬은 그의 화법, 언변에서 시작된다. 그는 이념보다 팩트를 기반으로 공감을 끌어낸다. "현 정부에서 유일하게 팩트를 승부를 걸어 야당 의원들을 긴장시키는 몇 안 되는 인물" "깨끗한 이미지, 스마트한 언변이 최대 강점"(문화일보 2023.12.20.)이라고 한 것은 정확한 시각이다.

2023년 12월 21일, 한동훈이 "여의도에서 300명만 쓰는 고유의 화법이나 문법이 있다면 그건 여의도 문법이라기보다는 여의도 사투리 아니냐? 나는 나머지 5천만 명이 쓰는 문법을 쓰겠다"라고 한 말은 이후 그를 대표하는 말이 되었다.

큰 결정은 과감하고 심플하게,
작은 결정은 부드러우면서 좌고우면해야

자기 소신을 갖추고 살아야, 그러려면 실력이 필요

의지와 책임감이 부족하거나 타협해서가 아니라 능력이 부족해서

공포는 반응이고 용기는 결심

많은 사람이 같이하면 길이 되는 것

제2편

한동훈의 마인드(관觀)

큰 결정은 과감하고 심플하게,
작은 결정은 부드러우면서 좌고우면해야

한동훈은 형식적인 말로 때우는 것이 아니라 종종 자신의 주관을 드러낸다. 그 말들을 살펴보면 한동훈이라는 인간의 처세관(觀), 인생관(觀)을 엿볼 수 있다.

> "
> 저는 큰 결정은 과감하고 심플하게 하되 작은 결정은 부드러우면서 좌고우면하며 해야 한다는 생각을 가지고 있어요.
> — 법무연수원 신임 검사 강연 2022.8.19.
> "

한동훈의 결정의 순간에서 중요한 것은 '정의와 상식'에 부합하느냐이다. 정의와 상식이라는 방향에 맞다면 좌고우면해야 할 이유가 없다는 것이다. 한동훈은 큰 결정을 함에 있어 정의와 상식에 근거하지 않을 경우 정치 검사라고 명제한다. 그는 "정치 권력이라든지 그런 쪽에 자기 개인이나 조직을 위해 복속하는 검사"를 정치 검사로 정의한다.

> "
> 큰 결정은 과감하고 명분이 되어주면 되는 거고, 그리고 그 결정을 한 이후 이것을 실현하는 과정에 있어서는 좁게 결정하는 게 맞습니다. 이게 뒤바뀌면 안 돼요.
> — 법무연수원 신임 검사 강연 2022.8.19.
> "

한동훈은 자신의 마인드를 '큰 것은 과감하고 심플하게, 작은 것은 세심하게'로 밝힌 바 있다. "저는 큰 결정은 과감하게 하려 합니다. 그냥 명분, 상식, 정의감 이런 기준으로요. 여기서 생각이 많아지면 사가 끼기 쉬운 것 같더라고요. 그 후 일하는 세부 과정에서는 하나하나 돌다리 두드리는 편이죠."

자기 소신을 갖추고 살아야, 그러려면 실력이 필요

법무부장관 재직 마지막 날, 한동훈은 예비 고등학생에게 허먼 멜빌의 「모비딕」을 선물했다. 그러면서 한때 실시간 인기 책 1위에 올랐다. 그는 장관 인사청문회 서면 질의 답변서에 감명 깊게 읽은 책으로 「모비딕」을 적었고, 신임 검사를 대상으로 한 강연에서도 이 책을 언급했다.

"

저는 「모비딕」이라는 허먼 멜빌의 책을 좋아하거든요. 배의 1등 항해사가 스타벅입니다. 책 중에 제가 굉장히 좋아하는 구절이 있는데… "I will have no man in my boat," said Starbuk, "who is not afraid of a whale." (고래를 두려워하지 않는 사람은 배에 태우지 않겠다고 스타벅은 말했다.) 무슨 뜻인지 아시겠어요? 용기에 관해 쓴 말이거든요. 제가 자기 소신을 갖추고 살아야 한다고 했는데 그러려면 실력이 필요해요.

— 법무연수원 신임 검사 강연 2022.8.19.

"

스타벅은 고래에 맞서 싸울 용기가 있는 자를 배에 태우겠다고 했다. 한동훈은 용기를 가지려면 소신이 필요하고, 소신을 가지려면 실력이 필요하다고 했다. 스타벅의 고래는 정의와 상식에 부합하지 않는 '부정의(不正義)'와 같은 것이다.

의지와 책임감이 부족하거나
타협해서가 아니라 능력이 부족해서

한동훈은 소신과 실력을 강조했다. 그는 항상 실력을 요구했다. 자신에게도 같은 잣대를 적용했다. 한동훈은 장관 퇴임사에서 이렇게 말했다.

> "
> 제가 한 일 중 잘못되거나 부족한 부분은, 그건 저의 의지와 책임감이 부족하거나 타협해서가 아니라 저의 능력이 부족해서일 겁니다.
> — 법무부장관 퇴임사 2023.12.21.
> "

한동훈이 말한 능력은 결국 실력에서 나오는 것이다. 잘못되거나 부족한 부분은 실력 부족이지, 의지나 책임감 부족에서 나오는 것이 아니라고 단언한다. 혹자들은 이런 생각이 강한 엘리트주의에서 발현된 것이라고 한다. 실력과 능력을 강조하는 것이 엘리트주의인지는 모르겠으나, 엘리트로 인정받으려면 부(富)와 권력 그리고 핏줄(혈연)이 아닌 실력과 능력을 갖춰야 한다는 것은 변하지 않는 사실이다. 오히려 부, 권력, 혈연이 아닌 실력과 능력을 강조하는 것은, 정의롭지 못한 부와 권력으로 무능한 이들이 출세하고 혈연으로 자리를 차지하는 폐단과 악습을 단절하는 일 아닌가.

공포는 반응이고 용기는 결심

한동훈이 자주 언급하는 것 중 하나가 용기다. 그는 윈스턴 처칠 영국 총리의 '공포는 반응이고, 용기는 결심(Fear is reaction, Courage is decision)'이라는 말을 빌려 용기의 개념에 대해 강조했다.

> "
> 공포는 반응이고, 용기는 결심입니다. 이대로 가면 지금의 이재명 민주당의 폭주와 전제를 막지 못할 수도 있다는, 상식적인 사람들이 맞이한 어려운 현실은 우리 모두 공포를 느낄 만합니다. 그러니 우리가 용기 내기로 결심해야 합니다. 저는 용기 내기로 결심했습니다. 그렇게 용기 내기로 결심했다면 헌신해야 합니다. 용기와 헌신, 대한민국의 영웅들이 어려움을 이겨낸 무기였습니다. 우리가 그 무기를 다시 듭시다.
>
> — 국민의힘 비상대책위원장 수락 연설 2023.12.26.
> "

한동훈은 "저는 이재명 대표의 민주당이 4월 총선에서 이겨서 개딸 전체주의와 운동권 특권 세력의 의회 독재를 강화하는 것이 이 나라와 동료시민을 정말 고통받게 할 것이라고 생각했습니다. 비상대책위원장을 수락하면서, 오로지 제가 비상대책위원장을 하는 것이 그걸 막는 데 도움이 되는지 아닌지만을 기준으로 결정했습니다"라고 자신의 심경을 밝혔다.

그리고 "정교하고 박력 있는 리더십이 국민의 이해와 지지를 만날 때 나라가 발전하고, 국민의 삶이 좋아진다는 확신"을 가지고 있다며, "산업화와 민주화를 동시에 이루어낸 위대한 대한민국과 동료시민들은 훨씬 나은 정치를 가질 자격이 있는 분들"이라고 강조했다.

많은 사람이 같이하면
길이 되는 것

한동훈은 12월 19일 국민의힘 비상대책위원장 수락 여부를 묻는 질문에 "제가 어떤 제안을 받은 게 아니라서 특정 정당의 비대위 구성에 공개적으로 말씀드릴 문제가 아니다"라면서도, 정치 경험이 없다는 지적에 대해서는 "세상 모든 길은 처음에는 다 길이 아니었다. 많은 사람이 같이하면 길이 되는 것"이라고 답변했다.

그리고 "진짜 위기는 경험이 부족해서라기보다 과도하게 계산하고 몸사릴 때 오는 경우가 더 많았다" "지금까지 공직 생활을 하면서 공공선을 추구한다는 한 가지 기준으로 살아왔다" "누구도 맹종한 적 없고, 앞으로도 그럴 것"이라고 하면서 자신감과 의지를 피력했다. 이미 이때 한동훈은 국민의힘 비상대책위원장직을 마음 먹고 있었다고 볼 수 있다.

다음날, 국민의힘은 한동훈을 비대위원장으로 추대했다. 당시 언론에 비친 국민의힘 원로들의 한 위원장 추대에 대한 의견이다.

"

김용갑 상임고문 "한동훈처럼 기민하고 순발력 있게, 정확하게 하는 사람은 별로 없다. 대부분은 아주 적임자로 평가할 것"

유흥수 상임고문 "이순신 아껴뒀다 임진왜란 지면 끝난다." "한동훈에게 정치적 경험이 없다는 것이 약점 아닌 강점일 수도"

황우여 전 당대표 "대통령을 모시던 분들은 옆으로 비켜주고, 대통령께 국민 뜻을 확실히 전할 수 있는 사람으로 모양 갖춰야"

정갑윤 전 국회부의장 "한동훈은 당의 소중한 자산인데 함부로 써서는 안된다. 선대위원장 카드로는 적임자"

— 문화일보 2023.12.20.

"

한동훈의 관(觀)에 흐르는 기조는 실력, 소신, 용기, 동반이다. 실력을 바탕으로 소신있게 도전하고, 결정하는 용기를 내면, 많은 사람이 그 길에 동반해서 승리의 길로 간다는 것이다. 그는 정의와 상식에 따라 일해 왔고, 여러 번의 좌천과 압력에도 굴하지 않았으며, 법무부장관 역을 제대로 소화함으로써 '윤석열 아바타'라는 비아냥을 극복했고, 당원과 함께 국민과 함께 길을 만들었다.

한동훈에게는 문재인 정부 시절 '채널A 기자 강요 미수 의혹' 사건으로 감찰을 당할 때 보여준 결연함이 있다. 이에 대해 대검찰청 수사심의위원회는 한동훈에 대해 수사 중단과 불기소를 의결하고 서울중앙지검 수사팀에 이를 권고했다. 그때 한동훈은 이렇게 말했다.

"

지금 이 광풍(狂風)의 2020년 7월을 나중에 되돌아 볼 때 적어도 대한민국 사법 시스템 중 한 곳만은 상식과 정의의 편에 서 있었다는 선명한 기록을 역사 속에 남겨달라.

그래 주시기만 한다면 저는 억울하게 감옥에 가거나 공직에서 쫓겨나더라도 끝까지 담담하게 이겨내겠다.

지금 이 말도 안 되는 상황은 권력이 반대하는 수사를 하면 어떻게 되는지 본보기를 보여주기 위한 것이다.

"

훈풍이 분다

정의와 상식의 법치,
그리고 동료시민

　어느 한 부처의 장관 취임식이 언론과 국민의 관심사가 되는 일은 참으로 드물다. 그런데 한동훈의 법무부장관 취임식과 취임사는 크게 주목을 받아 일부 방송사에서 생중계되었고, 유튜브 영상 조회수 100만 단위를 넘어섰다.

　일 개인의 검사에서 한 정부 부처의 대표로, 언론이 주목하는 공인으로 떠오른 한 장관의 취임사에는 법치에 대한 그의 생각이 반영되어 있다. 그가 국민의힘 비상대책위원장이 되면서 사용하여 언론의 주목을 받은 '동료시민'이라는 말은 이미 법무부 장관 퇴임식에서 사용한 것이고, '동료'라는 말은 많은 연설에 때때로 사용되었다. 어느날 갑자기 사용한 것이 아니라 오랜 사유에서 시작된 것이고, 그의 사회관(觀)을 보여주는 것이다. 자기만의 용어에 본인의 평소 생각을 담은 것으로 보인다.

> "
>
> 법무부 동료 공직자 여러분, 반갑습니다.
>
> …
>
> 법무부 동료 공직자 여러분, 저는 정의와 상식의 법치를 앞으로 법무부가 나가야 할 방향으로 제시하고자 합니다.
>
> …
>
> 법무부 동료 공직자 여러분, 저는 다시 한번 정의와 상식을 바탕으로 국민께 힘이 되고 위로가 되는 법무 행정을 위해 최선을 다하겠다는 약속을 드립니다.
>
> ― 법무무장관 취임사 2022.5.17.
>
> "

한동훈은 '동료시민'이라는 표현에 대해 "평소에 많이 쓰던 표현이다. 민주 사회를 구성하고 민주주의를 유지하는 것은 서로 간의 연대와 동료 의식이다. 그런 차원에서 동료시민이라는 말을 평소에도 많이 써왔다" "국민이라는 말은 현실에서 잘 와닿지 않고 추상적인 느낌이 강하다. 이에 비해 동료시민은 출퇴근 시간에 스쳐 지나가고 카페에서 커피를 기다리며 내 앞뒤로 줄 서 있는 분들을 떠올리게 하지 않나"라며 자신의 철학을 밝히기도 했다.(국민일보 2024.1.1.) 그러면서 "저는 정치를 시작하기 오래전부터 동료시민, 동료라는 말을 많이 써 왔는데요. 제가 말하는 동료 시민에서의 시민은 특정 지역의 주민을 말하는 게 아니라 자유롭고 평등하고 권리를 가진 주체, 즉, 개인"라고 설명했다.

장인철 수석논설위원은 "한 위원장 자신은 동료시민을 양식을 갖춘 시민, 공동체를 지키고 더불어 나라의 미래를 준비할 만한 시민 등으로 여기는 듯 하다."고 풀이했다(한국일보 2024.1.2.). 연설이나 강연문 등을 직접 쓰는 것으로 알려진 한동훈은 모든 연설, 강연, 인터뷰에 자신의 생각을 담아 이야기한다. 즉, 진심을 담아 그의 관(觀)을 전달한다.

"

먼저, 국민의 인권을 보호하는 따뜻한 법무 행정을 펼쳐 나갑시다.
둘째, 선진 법치 행정으로 대한민국의 미래 번영을 이끌어 나갑시다.
셋째, 중립적이고 공정한 검찰을 만듭시다. 진짜 검찰 개혁, 진짜 형사 사법 시스템 개혁은 사회적 강자에 대해서도 엄정하게 수사할 수 있는 공정한 시스템을 만드는 것입니다.
넷째, 자유민주주의와 시장경제 질서를 지키고 국민들께서 안전하고 평화로운 삶을 누리도록 도웁시다.

― 법무부장관 취임사 2022.5.17.

"

한동훈에게 법치는 법률가만의 것도 아니고 가진 자만의 것도 아니다. 고결한 것, 특별한 것이 아니라 그저 정의와 상식에 바탕한 것이다. 한동훈의 정의와 상식의 법치는 국민의 자유와 인권을 지키는 것이 전부이다.

한동훈은 "상식 있는 동료 시민과 함께 대한민국의 미래를 위한 길을 같이 만들겠다. 국민의 상식과 국민의 생각이라는 나침반을 가지고 앞장서겠다"고 했다. 그는 대한민국의 미래를 위해 글로벌 기준에 준하는 근거가 있어야 하고 그것이 법치 행정으로 구현되어야 한다고 말한다.

> "
> 세계와 경쟁하는 상황에서 글로벌 스탠더드에 맞는 법치 행정으로 대한민국의 미래 번영을 뒷받침해야 합니다.
> 대한민국에서 검찰의 일은 국민을 범죄로부터 보호하는 것이며, 할 일 제대로 하는 검찰을 두려워할 사람은 오직 범죄자뿐입니다.
> — 법무부장관 취임사 2022.5.17.
> "

일하는 기준이
'정의와 상식'인 직업

공직자가 가져야 할 업무의 기준은 정의와 상식이다. 중요한 것은 법률가로서, 검사로서 한동훈이 갖는 세계관(觀), 직업관(觀)이 정의와 상식에 준거한다는 의미이다. 이미 한동훈은 결정의 준거가 정의와 상식이라고 한 바 있다. 검사로서 정의와 상식에 근거하지 않은 결정을 할 경우 그 검사는 '정치검사'라고 했다. 정의와 상식에 부합하지 않는 '부정의(不正

義)'는 한동훈의 관(觀)에 부합하지 않는 것이다.

> "
> 우리가 생활인으로서 직업인으로서 밥 빌어먹기 위해 일하는 기준이
> 정의와 상식인 직업이라는 점입니다. 곰곰이 생각해 보면요, 직업인
> 으로서 일하는 기준이 정의와 상식인 직업이 잘 없어요.
>
> — 신임 검사 임관식 2022.8.1.
> "

이재명 민주당 대표가 '검사 독재'를 청산 과제로 꼽은 데 대한 질문을 받은 한동훈 위원장은 "만약 검사 독재가 있다면 이 대표는 지금 감옥에 있을 것"이라고 말했다.

정의와 상식이라는 개념은 한 사회에서 공통적으로 수용되는 원칙과 가치다. 검사 독재가 존재한다는 주장은 이러한 정의와 상식에 반하는 것이다. 검사 독재는 검사라는 집단이나 개인이 법적 권한을 남용하여 타인을 억압하거나 자의적인 결정을 내리는 것을 의미한다. 이는 정의로운 사회에서는 용납되지 않는 행위이다.

따라서, 정의와 상식이 존재하는 대한민국 사회에서는 검사 독재와 같은 권력 남용이 용납되지 않는다. 이를 주장하는 것은 정의와 상식을 부정하는 것과 같다. 정의와 상식에 따라 운영되는 사회, 국민의 권리와 자유가 보장되는 사회에서는 검사 독재가 허용되지 않기 때문이다.

이재명 대표가 주장하는 검사 독재는 정의와 상식이 존재하는 한 있을 수 없다. 오히려 이 대표가 자신의 권력을 남용하여 억압을 가하고 자기 이익을 위해 부당한 수단을 사용했다면, 자신의 행위로 인한 책임을 져야 한다. 이러한 경우 정의와 상식에 부합하는 판단은 그 행위가 부당하고, 법률적으로도 잘못된 것이며, 주변인은 물론 국민에게도 해를 끼치고 있다는 점을 인식하는 것이다.

이처럼 정의와 상식은 사회적으로 승인되는 행동의 기준이며, 어떤 행위가 공정하고 올바른지를 판단하는 데 중요한 역할을 한다. 이는 사회적 질서를 유지하고 정의로운 사회를 구축하기 위해 필요한 것으로, 한동훈 위원장이 이를 강조하는 이유다.

정치·경제·문화적 성장에 든든한 버팀목

한동훈에게 법치는 대한민국 성장의 기틀이다. 그는 우리나라의 비약적 정치·경제·문화적 성장에 든든한 버팀목이 되어 온 것이 바로 법치(法治)라고 말한다. 모든 국민이 인간으로서의 존엄을 지키며, 자유롭고 평등하게 행복을 추구하기 위해 법치주의를 더욱 굳건히 지키고 발전시켜야 하는 것이다. 이에 대한 그의 생각을 읽을 수 있는 인터뷰가 있다. 한동훈은 민주국가에서 법치에 따르지 않고 사적으로 죄를 만들어 덮어씌우는 것, 있는 죄를 덮어주는 것 모두 있어서는 안 되는 일이라고 잘라 말한다.

"

Q — 의도적 명예 훼손이 아니라는 주장도 있는데?

저를 구체적으로 지정했고 정확하게 시기도 2019년 11월 말부터 12월 초라고 했지 않았습니까? 거기에 대해서 어떻게 그걸 저를 지정하지 않았다고 할 수 있겠습니까? 그건 말도 안 되는 소리죠.

Q — "낙선하면 검찰이 없는 죄 만들어 감옥 보낼 것 같다"는 이재명

후보 발언에 대한 생각은?

검사가 아니라 일반인, 시민으로 말씀드리면 없는 죄를 만들어서 덮어씌우는 것은 민주국가에서 절대로 있어선 안 되는 일입니다. 그런데 말입니다. 그게 정확하게 이 정권이 저한테 한 일 아닌가요? 그리고 없는 죄를 만들어 덮어씌우는 것만큼 있는 죄를 덮어주는 것도 절대 해서는 안 되는 일이라고 생각합니다.

— 인터뷰 2022.1.27.

"

인권은 정의와 존엄성 보장의 헌법상 최고 가치

"

인권은 사회적 약자와 소수자를 포함한 모든 인간에게 정의와 존엄성이 보장되도록 하는 헌법상 최고 가치입니다.

— 법무부장관 취임사 2022.5.17.

"

한동훈 법무부장관의 인권에 대한 인식은 취임 1년 후 더 구체적으로 드러난다. 북한 인권 문제에 극히 소극적이었던 문재인 정부 하에서 북한 인권기록보존소는 2018년 9월 용인 법무연수원 분원으로 옮겨졌다. 당시 법무연수원 용인분원 연구위원으로 좌천되어 현장을 경험한 한동훈은 북한 인권과 기록보존소가 사실상 방치된 것으로 보았다. 한 장관은 "마치 안 쓰는 물건 안 보이게 치워버리듯 옮겨졌고, 홀대받고 방치되어 맡겨진 임무를 제대로 수행할 수 없었"다고 말했다. 북한인권기록보존소가 어떻게 취급되었는지를 잘 알고 있던 한동훈은 장관이 되고난 뒤 2023년 8월에 북한인권기록보존소를 다시 법무부 과천정부청사로 이전하여 정상화했다. 북한인권기록보존소 이전 현판식 인사말을 살펴보면 그의 인권관(觀)과 북한관(觀)을 읽을 수 있다.

"

첫째, 북한인권기록보존소는 북한 지역에서 범해진 인권 침해 범죄 행위를 나중에 대한민국 사법시스템에 따라 형사처벌하기 위한 법적 증거를 모으고 보관하는 굉장히 실무적인 기관입니다.

둘째, 북한인권기록보존소는 북한 지역에서 인권 침해 범죄 행위를 범하거나 범할 사람들에게, 그런 인권 침해 범죄 행위가 나중에 국제법과 대한민국 법에 따라 형사 처벌될 것이라는 경고의 메시지를 보내는 기관입니다.

— 북한인권기록보존소 이전 현판식 인사말 2023.8.18.

"

인권은 진영이나 이념을 따지지 않는다

한동훈은 북한인권기록보존소가 대한민국이 북한 인권을 신경쓰고 있다는 자기 만족을 위한 상징물이나 우월한 체제의 선전물에 불과한 것이 아니라고 강조한다. 그는 인권은 보편적 인권이고 진영이나 이념을 따지지 않는다고 명제한다. 법률가인 그는 "결코 그냥 넘어가지 않을 것이고,

여기에 법정에서 쓰일 증거가 쌓이고 있다는 메시지"를 북한에 보내는 것으로 "역사의 법정이 아니라 현실 세계의 법정"에서 반드시 단죄할 것임을 단언한다.

한동훈에게 인권은 형식이 아니듯이 북한인권기록보존소는 장식물이 아니다. 북한인권기록보존소는 북한에도 대한민국과 똑같은 가치의 인권이 성립되고, 향유하도록 하는 기본 단초이다.

제4편

한동훈의 민주주의와
시장경제 마인드

검찰을 두려워할 사람은 오직 범죄자뿐

절차적 민주주의를 지키면서 공정한 경쟁을 보장해야

지속가능한 미래 번영을 이끌 법제도 인프라 구축

선택권과 경쟁의 존재,
공정한 시장과 기업의 일자리 창출, 법에 따른 근로자 보호

출입국·이민 정책

검찰을 두려워할 사람은
오직 범죄자뿐

"
대한민국 국민은 짧은 시간에 민주화와 산업화를 동시에 이룬 위대한 사람들이고, 그런 공정한 시스템을 가질 자격이 충분한 사람들이기 때문입니다.

— 법무부장관 취임사 2022.5.17.
"

한동훈의 민주주의에 대한 시각, 대한민국 국민에 대한 시각은 법무부 장관 취임사에 나타난다. 그는 대한민국의 근세사에서 대한민국 국민이 이루어낸 근대화, 즉 산업화와 민주화를 높이 평가하고 이제는 그에 걸맞는 선진국과 같은 공정 시스템을 가져야 한다고 역설한다. "국민이 원하는 진짜 검찰 개혁, 진짜 형사사법시스템 개혁은 사회적 강자에 대해서도 엄정하게 수사할 수 있는 공정한 시스템을 만드는 것" "검찰을 두려워할 사람은 오직 범죄자뿐"이라고 하면서 유권무죄(有權無罪) 무권유죄(無權有罪), 유전무죄(有錢無罪) 무전유죄(無錢有罪)의 사회적 병폐에 대해 일갈(一喝)한다.

한동훈은 "자유민주주의와 시장경제는 헌법이 국민들께 약속한 이 나라의 근본"이라고 함으로써 대한민국이 어떤 체제를 지향해야 하는가를 명확히 한다. 이는 남북 대치의 상황에서 한동훈의 국가관을 제시하는 것이다. 한동훈은 밤길 다니기 겁나는 사회, 조폭이 설치는 사회, 서민들이 피해를 당하고도 그냥 참고 넘어가기를 선택하는 사회가 되어서는 안 된다고 하면서 자신이 생각하는 민주주의와 시장경제가 무엇인지를 밝혔다. 한동훈의 민주주의와 시장경제는 국민들이 피해를 받지 않는, 누구도 억울하지 않는 공정하고 상식적인 사회를 말한다.

그는 법무부장관에 취임하면서 전임 정부가 없앤 증권범죄합동수사단을 재출범하여 민주주의에 바탕한 깨끗한 시장경제라는 그의 시장경제관(觀)을 보여주었다. 증권합동범죄수사단은 자본시장의 불공정 거래를 비롯한 기업의 시세 조종 등 각종 금융·증권 범죄에 대응하기 위한 조직이다. 이는 앞으로 금융·증권 범죄 대응 역량을 강화해 자본시장 교란 사범에 대한 수사를 강화하겠다는 것으로, 시장경제에 대한 한동훈의 확고한 철학을 보여준다.

절차적 민주주의를 지키면서
공정한 경쟁을 보장해야

자유민주주의에 대한 한동훈의 시각은 국민의힘 비상대책위원장 수락 연설에서, 그리고 관훈클럽 토론회에서 다시 확고하게 나타나고 있다.

"

자유민주주의 국가는 절차적 민주주의를 지키면서 공정한 경쟁을 보장하고 경쟁의 문턱을 낮춰 경쟁에 참여하는 것을 권장해야 합니다. 그 과정에서 차별 없이 경쟁의 룰이 지켜질 거라는 확고한 믿음을 드려야 합니다. 동시에 경쟁에서 이기지 못한 사람들, 경쟁에 나서고 싶지 않은 사람들도 인간다운 삶을 살 수 있도록 철저하게 보장해야 합니다.

— 국민의힘 비상대책위원장 수락 연설 2023.12.26.

"

훈풍이 분다

선택권과 경쟁이 존재할 때 시민의 권익이 증진되고 사회가 발전한다는 것이 저의 신념입니다. 국가는 공정한 경쟁을 보장하고 경쟁에 참여하는 것을 권장해야 합니다. 그 과정에서 경쟁의 룰이 지켜질 거라는 확고한 믿음을 줘야 합니다. 동시에 경쟁에서 이기지 못한 사람들, 그리고 경쟁에 나서고 싶지 않은 사람들도 인간다운 삶을 살 수 있도록 보장해야 합니다.

— 관훈클럽 토론회 기조연설 2024.2.7.

한동훈은 자유민주주의에서는 절차적 민주주의와 공정한 경쟁이 기본임을 강조하면서 그 경쟁의 룰이 지켜질 것이라는 믿음이 중요하다고 말한다. 그리고 경쟁에서 뒤처진 사람들, 경쟁에 참여하지 않은 사람들도 인간다운 삶을 살 수 있도록 보장해야 한다면서 고립 청소년, 은둔형 외톨이 등 사회문제에 대한 입장도 비추고 있다. 이같은 목소리를 통해 그가 평소에 얼마나 폭넓게, 디테일하게 사회를 바라보고 있는지를 알 수 있다.

'공정'은 그의 모든 연설과 강연에서 꾸준하게 반복되는 개념이다. 그는 2024년 1월 1일 국민의힘 신년 인사회 후에도 "공천의 주안점은 두 가지다. 공천하는 과정이 공정하고 멋져 보여야 한다. 내용이 이기는 공천이어야 한다"라고 했다.

지속가능한 미래 번영을 이끌 법제도 인프라 구축

한동훈은 법의 공정한 잣대를 통한 법치, 정의와 상식을 통한 법치를 끊임없이 강조하면서 법을 통한 시장경제 보호와 확대를 이야기해왔다.

> "
> 창의와 혁신의 토대인 기업가 정신이 위축되는 일이 없도록 기업 활동을 제약하는 법률은 과감하게 개선하겠습니다. 백년대계로서의 이민 정책을 설계할 수 있도록 컨트롤타워인 가칭 출입국·이민관리청을 신설하겠습니다. AI, 블록체인, 디지털 등 변화하는 시대상을 적시에 담아낼 수 있도록 「민법」, 「상법」 등 기본법을 정비하겠습니다.
> — 제60회 법의 날 기념사 2023.4.25.
> "

한동훈은 미래 번영으로 가려면 기업 활동을 보호해야 한다고 보고 이를 제약하는 법률을 과감히 개선하겠다고 했다. 이는 '타다금지법(여객자동차운수사업법 개정안, 2021. 4. 8. 시행)'과 같이 시장 수요를 예측하지 못하고 잘못된 제약으로 기업 활동을 위축한 것을 지적한 것이다. 그리고 AI, 블록체인, 디지털 등 변화하는 시대상을 적시에 담아내도록 법을 정비하겠다는 것은 시장경제 보호에 대한 생각을 나타낸 것으로 볼수 있다.

선택권과 경쟁의 존재,
공정한 시장과 기업의 일자리 창출, 법에 따른 근로자 보호

한동훈은 선택권과 경쟁의 존재, 공정한 시장과 기업의 일자리 창출, 법에 따른 근로자 보호가 민주공화국이라는 대한민국 체제와 헌법 정신이라고 말한다. 그가 생각하는 민주주의 시장경제 사회는 정당한 부를 질시하지 않는 나라, 기업인의 혁신과 국가에 대한 기여에 대해 존경심을 갖는 나라이다.

"

저는 우리 체제와 헌법 정신에 대해서 이렇게 생각합니다. 선택권과 경쟁이 존재할 때 결국에 국민의 권익이 증진된다는 것이 우리 체제와 헌법 정신이라고 생각합니다. 공정한 시장이 기업의 혁신에 보상하고, 기업의 성장을 이끌지만 기업은 이 나라 일자리 창출에 책임을 다해야 하고, 법에 따라 근로자를 보호해야 한다고 하는 약속이 우리 체제와 헌법 정신이라고 저는 생각합니다.

우리나라는 정당한 부를 질시하지 않는 나라이고, 또 반드시 그래야 한다고 생각합니다. 저는 대한민국 기업인들의 혁신 능력과 국가에 대한 기여에 대해서 깊이 존경하는 마음을 가지고 있다고 고백합니다. 정부는 어떻게 하면 기업의 성공을 도울 수 있을 것인지 항상 고민해야 한다고 생각합니다. 저희는 그렇게 하겠습니다.

석기시대가 끝난 것이 돌이 부족해서가 아니었고, 청동기라는 혁신 때문에 된 것 아닙니까? 새로운 시대를 여는 혁신의 주인공이, 세계 혁신의 주인공이 대한민국의 기업인들이 되기를 정말로 바라고 응원하겠습니다.

— 제46회 대한상의 제주포럼 강연 2023.7.15.

"

이 강연 이후 진보적 언론에서는 한동훈의 '장관 2년-의원 3년 후 출마 시간표'를 예측했고, '이승만의 농지 개혁에 대한 반종북-반미 운동권 시각', '친이승만, 친대한민국, 친자유주의, 친기업적 평가', '한동훈 대(對) 운동권 대첩이 될 내년 총선 출정을 앞두고 이념 무장까지 마치고 있음을 보여준 예비 출정식'이라고까지 표현하며 그를 극우 보수주의로 몰아갔다. 그러나 한동훈이 국민의힘 비상대책위원장 수락 연설에서 제22대 국회의원 선거에 지역구로도 비례로도 출마하지 않을 것이라고 천명하면서 진보 언론의 예측은 빗나갔다.

출입국·이민 정책

한동훈은 법무부장관이 된 이래 출입국·이민 정책을 꾸준히 강조했다. 그의 정책은 인구 감소 대책과 대한민국의 자본주의, 즉 시장경제를 유지·발전시키고 보호하는 이중적 성격을 가지고 있다. 이는 실질적이고 현실적인 답을 구해 나가는 한동훈식 스타일과도 관계가 있다.

> "
> 이런 컨트롤타워 신설 같은 중장기적인 제도 개혁도 필요하지만, 지금 당장 기업인들의 입장에서 실질적으로 도움이 되는 외국인 노동력 대책을 필요로 하신다는 것을 잘 알고 있습니다. 컨트롤타워가 없으니까 안 하겠다, 컨트롤타워를 만들 때까지 미루겠다 그런 말 하겠다는 것이 아닙니다.
> — 제46회 대한상의 제주포럼 강연 2023.7.15.
> "

법무부는 2023년 E-7-4 숙련 기능 인력의 장기 취업 비자 입국 한도를 1천 명에서 3만 5천 명으로 늘렸다. 이는 E-9 비전문 취업 비자로 한국에 입국한 비숙련 노동자들이 10년 후에는 무조건 고국으로 돌아가야 하기 때문에 불법 체류자로 전락하는 경우가 많아 이를 보완하려 한 것이다.

E-9 비자 외국인 근로자가 기업의 방침에 따라 열심히 일하고 대한민국에 잘 적응할 경우 E-7-4로 승격할 기회를 주는데, E-7-4 비자는 체류 기한이 없고 가족 초청이 가능해서 영주권 전 단계나 다름없다. 법무부는 이 과정에서 기업의 갑질이나 횡포가 없도록 제도를 보완하여 근로자를 채용한 기업의 의견과 추천을 받겠다고 한다. 양질의 외국인 노동력을 유치하겠다는 의미이다. 이때 함께 언급한 것이 외국인 근로자의 한국어 능력이다.

한동훈은 우리나라보다 일찍 이민자를 받아들인 나라에서 얻은 교훈을 소개한다. 돈을 벌기 위해 우리나라에 들어온 외국인들이 자기들끼리 모여 있다가 본국으로 돌아가면 결국 통합은 이루어지지 않는다고 하면서, 노동력 보충을 위해 이민자를 유입한 국가에서 언어를 중시하라는 교훈을 얻었다고 했다. 즉, 한국어를 잘하는 외국인은 "우리와 같이, 우리에 기여하면서 살 수 있다"며 한국어를 잘하는 외국인 근로자에게 가점과 인센티브를 부여하겠다고 했다.

즉, 단순히 숙련된 노동자를 받는 것이 아니라 대한민국에 기여하고, 대한민국에 정착할 외국인 근로자를 받는 방향으로 정책을 펼치겠다는 의미이다. 이는 한국어를 배우는 외국인이 많아지고, 외국에 한국어학원이 많이 만들어지는 현상과도 연결된다.

한동훈은 이 나라의 미래를 대비하고 싶었다, 인구 재앙 시대에 책임감 있게 대비하고 싶었다고 한다. 인구 감소를 인구 재앙이라 표현했고, 그 심각성을 인식하고 대처하겠다고 했다. 어쩌면 그의 정치적 미래는 인구 대책 행보와 연결될 수도 있다.

제 5 편

한동훈의 정치 마인드

총선은 국민 삶에 중요하다

2023년 11월 17일 대구를 찾은 한동훈 법무부장관에게 취재진이 총선
출마 의사를 묻자 "총선은 국민 삶에 중요한 것은 분명하다"고 답했다.
당시 언론은 '사실상 정치 데뷔'라고 까지 했지만, 한동훈은 정치로의 진
입을 부정하지 않았으나 현재에 충실하고자 했다. 그는 자신이 주장한 출
입국·이민 정책을 반복 강조했다.

> "
> 범죄 피해자를 잘 보호하고 인구 위기 극복을 위해 외국인 정책 및
> 이민 정책을 잘 정비하는 게 국민께 더 중요할 수 있다. 외국인 정책
> 이나 출입국 정책에 대해선 앞으로 10년 내에 저를 비난할 일이 굉
> 장히 많을 것이다. 가보지 않은 길이기 때문이다. 노무현 대통령께서
> 현재 제가 추진하는 이민청을 추진한 적이 있지만 실패했다. 우리는
> 늦었지만 참고할 자료가 많아 잘해보겠다.
> — 2023.11.17. 법무부 사회통합프로그램 CBT 센터 개소식 참석 시 인터뷰
> "

그는 보수의 본진인 대구를 방문해서도 노무현 대통령을 언급하며 야
당 지지자들의 주목을 끄는 것도 잊지 않았다. 이미 한동훈은 정치권 진
입을 준비하고 있었다고 볼 수 있다. 결국 그는 한 달여 뒤에 국민의힘 비
상대책위원장이 되었다.

한동훈은 국민의힘 비상대책위원장으로서 초청받아 참석한 관훈클럽
토론회에서 자신의 정치관(觀)에 대해 "속도감 있고 활력있는 정치로, 국
민들께서 우리 당이 하는 말과 행동에, 정책과 싸움에 공감하시면서, 감
정 이입을 하시면서, 국민의힘의 정치를 국민의 정치, 나의 정치로 생각

하실 수 있도록 하겠습니다"라고 했다.

그리고 "제가 이끄는 국민의힘은 책임감과 반응이라는 점에서 과거와 다를 것이고 이미 그렇게 변하고 있습니다. 집권 여당으로서, 약속을 하면 반드시 실천하고, 허황된 말로 국민을 현혹하지 않을 겁니다. 그리고 국민들께서 합리적인 비판을 하시고 불편해 하시면 시간 끌면서 뭉개고 미루지 않고 바로 반응할 겁니다. 속도감 있게 결정할 거고, 그렇게 결정하면 좌고우면하지 않고 실천할 겁니다."라고 자신의 정치를 설명했다.

그의 정치관(觀)을 정리하면 정직한 정치, 실천하는 정치라고 할 수 있다. 정의와 상식이 무너지고 도덕이 허물어진 정치판을 변혁하고, 정직한 정치로 세대 교체를 주도해 국민에게 믿음을 주는 정치를 선사하겠다는 것이다. 그는 이 모두를 동료시민과 함께 만들어 나가겠다고 했다.

한동훈 활용법

2023년 11월 21일에는 대전 한국어능력평가센터 개소식 참석, 과학 기술 인재 유치 등과 관련해 KAIST 방문, 11월 24일에는 울산 HD현대중공업과 UNIST(울산과학기술원) 방문이 예정되어 있었다. 결과적으로 지방을 돌면서 시민을 접촉하며 보여준 한동훈의 퍼포먼스는 그의 정치력, 총선 파급력에 대해 의문을 갖던 일부의 우려를 씻어내고 정치권 진입을 앞당기는 계기가 되었다. 당시 국민의힘 상황을 보면 한동훈 법무부장관의 모습은 희망이었을 것이다. 결국 언론은 한동훈 활용법에 대해 갑론을박했다.

첫째로 종로, 강남, 용산 등 상징성 있는 지역에 출마해 총선 승부처에

훈풍이 분다

서 바람몰이를 해야 한다, 둘째로 야당 핵심 지역구에 자객으로 공천해서 대야 투쟁 능력을 활용하고 판을 흔들어야 한다, 셋째로 총선 간판이 되어 다른 후보들을 지원하도록 비례대표로 배치한 후에 중앙선대본부장 같은 직책을 맡겨야 한다, 넷째로 정부에 남게 해서 국무총리를 맡기고 존재감을 확대하다 대선으로 가야 한다 등 수많은 시나리오가 돌았다. 당시 허민 문화일보 기자는 첫 번째와 두 번째는 상책, 세 번째는 중책, 네 번째는 하책이라고 단언했다.(문화일보 2023.11.28.) 이에 대해 한동훈 자신도 고민이 많았을 것이다. 결국 한 달 뒤 한동훈은 국민의힘 비상대책위원장으로 직행했고 "9회 말 투 아웃 투 스트라이크면 원하는 공이 들어오지 않아도 스트라이크인지 볼인지 애매해도 후회 없이 휘둘러야 한다" "국민의 상식과 국민의 생각이라는 나침반을 가지고 앞장서려고 한다"고 비상대책위원장 수락 이유를 밝혔다.

투수가 아닌 타자로 나서겠다는 것은 공격이 최선의 수비라는 인식을 확고히 한 것이고, 여당임에도 총선 전략은 수비가 아닌 적극적 공세로 나서겠다는 것을 천명한 것이다. 불안과 의구심으로 가득 찬 당원과 보수층에게 우리는 할 수 있고, 해내야 한다는 의식을 불러일으키려 한 것이다. 그동안 국회 내외에서 벌어진 야당과의 난타전, 전투에서 물러서지 않는 파이팅을 보여준 한동훈의 모습을 투영한 것이라고 볼 수 있다. 그가 국민의힘 비상대책위원장을 맡은 것은 두 가지 이유로 보인다.

첫째, 한동훈은 국민의힘을 모비딕과의 싸움에 나서는 피쿼드호로 인식했고, 무모한 선장 에이허브에 의해 침몰하는 모습을 예상하며 또 다른 무모한 선장의 탑승이 침몰이라는 파국을 맞게 된다고 보았다. 그는 스스로 선장이 되어 국민의힘이라는 피쿼드호를 침몰에서 구하고 모비딕을 잡겠다고 다짐했다. 당시 윤석열 대통령도 비슷한 생각을 했을 것으로 보인다. 단기간에 결단을 내리고 대통령 후보가 되어 대통령이 된 만큼 윤 대통령의 정치적 감각도 인정해야 한다. 대통령도 한동훈 이외에 국민의힘이라는 피쿼드호를 책임질 사람을 찾을 수 없었을 것이다.

둘째, 한동훈은 선장이 된 자신과 함께 항해하고 모비딕을 잡을 선원을 스스로 선택해서 싸우겠다고 결정했다. 싸울 줄 아는 한동훈은 자신과 함께 싸울 장수와 병사를 선택하여 전장으로 나가겠다고 결심한 것이다.

무엇보다 한동훈은 제22대 총선에 지역구로도 비례대표로도 출마하지 않겠다고 밝혔다. 본인으로 인한 당내 논란과 갈등의 싹을 처음부터 없앤 것이다. 한동훈은 정치 평론가, 정치 분석가들의 예상치를 한 번에 뒤집고 스스로가 말한 '선당후사(先黨後事), 선민후사(先民後事)'의 결기를 보여줌으로써 당원과 보수층의 분열을 막고 오직 승리라는 목표만이 가야 할 길임을, 선장을 따르려는 모든 선원에게 인식시킨 것이다.

> "
> 저는 지역구에 출마하지 않겠습니다. 비례로도 출마하지 않겠습니다. 오직 동료시민과 이 나라의 미래만 생각하면서 승리를 위해서 용기 있게 헌신하겠습니다. 저는 승리를 위해 뭐든지 다 할 것이지만 제가 그 승리의 과실을 가져가지는 않겠습니다.
>
> — 2023.12.26. 국민의힘 비상대책위원장 수락 연설
> "

당시 여론은 중앙선대위원장이 되어 전국적으로 바람을 일으키는 역할을 맡는 것이, 정치인으로서 첫발을 떼는 한동훈이 선택할 수 있는 가장 안정적인 선택지라고 보았다. 하지만 모든 직에는 성공과 실패의 양면이 있기에 그 어느 것도 안정적으로 보장되는 것은 없었다. 총선에서 패배하면 선대위원장은 책임론에 휘말려 더 이상의 전진은 어려울 수밖에 없다. 한동훈은 국민의힘의 사분오열, 갈팡질팡을 보며 주저 없이 깃발을 들어 올린 것이다.

어쨌든 한동훈은 1등 항해사 스타벅이 "고래를 두려워하지 않는 사람은 배에 태우지 않겠다"고 한 말에 자기 자신을 투영했다. 그는 두려움을

가지고 국민의힘이라는 배에 올라 정치와 민심이라는 바다로 출항하기로 결정했다. 그는 어떤 목표를 가지고 있었던 것일까?

한동훈의 정책적 목표

자신에 대한 기대치를 높인 한동훈은 2023년 12월 6일 국민의힘 의원 총회에 참석했다. 정책 설명회 명목이었지만 4·10총선 차출론이 파다한 상황에서 사실상 신고식을 한 것이라는 해석이 가득했다. 이날 한동훈은 22쪽 분량의 슬라이드를 바탕으로 인구 재앙이라는 정해진 미래에 대비한 정교한 정책의 한 축이자, 자신의 대표 정책인 출입국·이민관리청의 필요성과 방향에 대해 30여 분간 설명했다. 아마도 4·10 총선에서 국민의힘이 승리한다면 이민청 설립은 힘을 받게 될 것이다.

"

이민 정책은 할 거냐 말 거냐 고민할 단계를 지났고, 안 하면 인구 재앙으로 인한 국가 소멸의 운명을 피할 수 없다. 이민청 설립이 외국인을 무조건 많이 받아들인다는 것이 아니다. 우리 사회에 필요한 외국인을 정부가 정교하게 판단해 예측 가능성 있게 받아들이고, (외국인을) 관리하고 통제해 그립(주도권)을 강하게 잡겠다는 것이다.

유럽은 제국주의 시절 식민지를 운영한 원죄로 식민지 국민을 오는대로 받은 역사가 있었다. 우리나라는 유럽과 달리 섬나라고, 식민지 원죄도 없다. 유럽의 실패 사례를 반복하지 않고 필요한 인재를 국익의 관점에서 받을 수 있다. 출입국이민관리청은 체계적 유입과 관리·통제를 더 잘하겠다는 것이고, 철저하게 국익과 국민 의사를 반영하기 위한 조직이다. 인도주의, 다양한 문화 유입 목적이 아니라 국민의 현실적 이익을 목적으로 한다.

"

　그는 대중을 향해 자신이 주목하는 정치와 리더십의 정책적 목표를 천명했다. 기존 정치인이나 리더들과 달리, 중요한 지점에서 필요한 말씀 자료는 스스로 작성하고 손질하는 그만의 스타일로 볼 때, 이미 한동훈은 사회가 요구하는, 국민이 요구하는 문제들에 대해 깊이 생각하고 있었음을 알 수 있다.

"

- 인구 재앙이라는 미래에 대비한 정교한 정책(인구 감소 대책)
- 범죄와 재난으로부터 시민을 든든하게 보호하는 정책(안전)
- 진영과 무관하게 서민과 약자를 돕는 정책(복지)
- 안보, 경제, 기술이 융합하는 시대에 과학 기술과 산업 혁신을 가속화하는 정책(경제과학기술산업)
- 자본시장이 민간의 자율과 창의, 경제 발전을 견인하게 하면서도 투자자 보호에 빈틈없는 정책(경제 금융)
- 한미 공조 등 세계 질서 속에서 국익을 지키는 정책(외교 안보)
- 명분과 실리를 모두 갖는 원칙 있는 대북 정책(대북 정책)
- 기후 변화에 대한 균형 있는 대응 정책(환경 및 산업 정책)
- 청년의 삶을 청년의 입장에서 나아지게 하는 정책(청년)
- 어르신을 공경하는 정책(노인)
- 지역 경제를 부양하는 정책(지방 정책)
- 국민 모두의 생활의 편의를 개선하는 정책(복지)

— 국민의힘 비상대책위원장 수락 연설 정리 2023.12.26.

"

위의 내용들은 각 정당이, 국회가, 정부가 심각하게 고려하고 대책을 세워야 할 이슈들이다. 2024년 1월 3일에도 한동훈은 "국민의힘은 교통, 안전, 문화, 치안, 건강, 경제 등 다양한 영역에서 불합리한 격차를 줄이고 없애는 데 힘을 집중하겠다"고 말했다. 한동훈은 이와 같은 이슈들에 천착할 것이고, 공약을 만들 것이다. 그가 제22대 국회의원 선거에서 국민의힘을 다수당으로 만들어 가시적인 성과를 찾아낸다면 결국 국민이 찾는 리더가 될 것이다.

"

국민의힘은 동료시민들의 일상 속 존재하는 격차를 해소하는 데 집중하겠습니다. 국민에 대한 강한 책임감을 바탕으로 교통, 안전, 문화, 치안, 건강, 경제, 의료 등 우리 사회 깊숙이 존재하는 다양한 영역에서의 불합리한 격차를 해소하고 줄이는 데 집중하겠습니다.

격차 해소는 거창한 이념이 아니라 현실입니다. 지역 간 이동에 불편을 주는 교통 격차, 국민의 생명과 건강을 보장하는 의료 격차, 어디에 살든 안전한 환경이 보장받는 치안 격차, 이런 것들은 국민의 일상에서 이뤄지는 현실 문제입니다. 격차 해소 공약들은 우리 당이 국민에 대한 무거운 책임감에서 비롯하는 것이며, 우리의 그 책임감이 국민의 삶에 변화를 만들어 낼 것입니다.

— 관훈클럽 토론회 기조연설 2024.2.7.

"

윤석열 대통령과
한동훈 비대위원장은 운명 공동체

2024년 1월 21일 조용한 일요일이었다. 그렇지만 권력의 정점에서는 무서운 충돌이 일어나고 있었다. 언론조차 '윤·한 충돌'로 쓰고 있는 용산 대통령실과 한동훈 위원장의 첨예한 부딪힘이었다.

윤석열 대통령과 한동훈 비대위원장은 운명 공동체라는 것을 모든 사람이 알고 있다. 윤석열 정부가 무너지면 한동훈에게도 미래가 없고, 한동훈 비대위원장이 무너지면 4·10 총선도 바라볼 수 없다.

이현종 문화일보 논설위원은 이 충돌을 정확하게 분석하고 지적한다. "임기가 3년 이상 남은 대통령을 치받는다는 것은 불가능에 가깝다. 그만큼 권력은 마지막 날까지 무섭다. 그래서 지금 이 갈등이 가지는 위험성이 크다. 그러나 지금 윤 대통령이 한 위원장을 물러나게 할 경우 부메랑이 돼 돌아온다는 것을 명심해야 한다. 총선 참패의 모든 책임을 윤 대통령이 져야 할 수도 있다. 당무 개입이라는 법적 시비에 휘말릴 가능성도 있다. 명품백 피하려다 권력 자체가 흔들리는 사태가 벌어질지도 모른다. 이 모든 위기는 윤 대통령이 한 위원장을 정치판으로 끌어들일 때 예상했고 감수해야 할 일이다. 이미 엎질러진 물을 다시 담을 순 없지만 단 하나의 해법은 과반 의석을 확보하는 총선 승리밖에 없다. 합심하지 않고는 그런 목표를 달성할 수 없다. 지금처럼 삐걱거리면 선거 직전에 피눈물을 삼키며 '나를 밟고 지나가더라도 선거에서 이겨라'고 해야 하는 상황이 올 수도 있다."(문화일보 2024.1.24.)

즉, 윤 대통령과 한 위원장은 합심하지 않을 수 없는 운명 공동체라는 것이다. 윤 대통령의 한동훈 위원장에 대한 언급, 한동훈 위원장의 대통령에 대한 언급을 상기해 보면 동지적 관계임을 알 수 있다. 운명 공동체가 사는 길은 단 하나, 승리뿐이다.

윤석열 당선인이 한동훈 지명자를 얼마나 신뢰하는지 보여주는 예가 있다. 윤 당선인은 후보 시절 가진 인터뷰에서 익명으로 처리된 'A 검사장'에 대해 "정권에 피해를 많이 입어서 중앙지검장 하면 안 되는 거냐. 말이 안 되는 얘기다"라며 "죄짓지 않은 사람들이 왜 A 검사장을 두려워하냐. 거의 (일제강점기) 독립운동처럼 (수사를) 해온 사람이다"고 했다. 이 인터뷰가 나가고 많은 언론이 'A 검사장'을 한동훈 지명자라고 기정사실화했다.

한동훈 지명자도 언론 인터뷰에서 "윤(석열) 총장은 훌륭한 검사고 좋은 사람"이라고 평가했다. 한동훈 지명자는 "(윤석열과) 가치를 공유하는지는 몰라도 이익을 공유하거나 맹종하는 사이는 아니니 측근이라는 말이 맞는지도 모르겠다"며 당선인의 측근이란 점을 굳이 부인하지 않았다. 그러면서 "20년 동안 수사마다 그걸 지키는 게 쉽지는 않았는데 운 좋게도 그때마다 주위에 좋은 수사관들, 실무관들, 검사들이 있었다. 윤 총장도 그런 분"이라며 당선인에 대한 신뢰를 표했다.

— 월간조선 '리틀 윤석열' 한동훈의 칼날은 어디로 향할까? 2022. 5.

윤석열 정부의 성공을 담보하는 2024년 4·10총선 승리를 위해 '윤·한 연합'은 당연하고, 설사 총선에서의 과반수 승리든 1당 승리든 이겼다고 해도 제22대 국회의 원활한 운영을 위해서도 '윤·한 협력'은 필요하다. "총선을 앞두고 한 위원장을 물러나게 하지는 않겠지만 선거가 끝나면 해코지하러 달려들 것"이라는 이준석 전 대표의 전망은 윤 대통령과 한 위원장의 순망치한 관계를 간과한 것이 아닐까 싶다. 윤석열 정부는 차기 정권을 창출하지 않고는 성공하기 어렵다. 그것이 권력의 생리이다.

윤 대통령과 한 위원장의 관계에 대해 「73년생 한동훈」의 저자 심규진

교수는 이렇게 설명한다. "윤과 한의 캐릭터는 상호 보완적이며 순망치한의 관계라는 표현도 가능하다. 전통적인 조직 관리와 정치적 진지 구축의 윤석열, 행정-홍보-미디어 정치는 한동훈으로 한국 정치의 전환기가 이뤄질 가능성이 크다."

총선에서 국민의힘이 승리한다면 그 뒤의 길은 직진하든지 쉬어가든지 한 위원장이 선택할 일이다. 그는 "제가 4월 10일 이후의 인생은 생각하지 않는다는 말을 했었는데요. 그 말은 백 퍼센트 진심입니다. 그 후의 인생은 뭐, 그 후에 보겠습니다"라며 자신의 마음가짐을 밝혔다. 이후에는 2026년 지방선거도 있다. 윤석열 정부가 넘어가야 할 고비가 많이 있음을 인식해야 한다.

김형준 배재대 석좌교수(전 한국선거학회 회장)는 '윤·한 충돌'에 대해 다음과 같이 해석했다. "한 위원장은 대통령과 전략적 충돌을 통해 수평적 당정 관계를 만들고, 윤 대통령은 전략적 허용을 통해 한 위원장에게 힘을 실어주면 가능하다. 즉, 충돌의 치킨게임에서 협력의 사슴사냥게임으로 전환이 필요하다. 윤 대통령과 한 위원장이 협력하지 않고 각자 '윤석열 당 만들기'나 '한동훈 위상 강화'에만 비중을 두면 총선 승리라는 사슴은 도망간다."(문화일보 2024.1.30.) 김 석좌교수의 분석과 전략은 총선 승리를 위해서도 유효한 분석이고, 총선 이후 윤석열 정부의 성공과 정권 연속을 위해서도 필요한 전략이다.

정권 연속과 정권 교체의 함수관계

1987년 직선제 대통령 선거 이후 정권을 가진 측이 승리한 정권 연속은 1992년 14대 대선(김영삼), 2002년 16대 대선(노무현), 2012년 18대 대선(박근혜) 3회이며, 정권을 가지지 않은 정당이 승리한 정권 교체는 1997년 15대 대선(김대중), 2007년 17대 대선(이명박), 2017년 19대 대선(문재인), 2022년 20대 대선(윤석열) 4회이다.

정권이 교체될 때마다 전임 대통령과 측근은 수난을 겪었다. 당하는 쪽은 정치 보복이라고 주장했다. 정권 연속을 이룬 김영삼 대통령이 전임 대통령인 전두환·노태우를 법정에 세웠지만, 이는 정치 보복이라기보다는 광주민주화운동과 연관된 '군정 종식'의 의미였다. 이후에는 김대중 대통령 시기를 제외하고는 정권 교체 이후 전임 대통령들이 모두 핍박을 받았다. 당하는 쪽은 정치 보복이라 하고, 실행하는 쪽은 당연한 처벌이라고 했다. 법 위반이라면 당연히 처벌이 이루어져야 하지만 그 처벌에 정치 보복이 포함된다면 이는 우리 정치사가 끊어내야 할 병폐다. 이제는 여야를 불문하고 국가적 사안에는 전임 대통령이 함께 모이는 전통이 세워져야 하지 않을까.

윤석열 대통령이 성공한 대통령이 되려면 정권 연속을 이뤄야 하고, 김대중 대통령이 노무현 대통령을 키웠듯 윤석열 대통령도 예비 대통령 후보들을 키워내야 할 것이다. 결과는 알 수 없지만, 정권 연속을 책임질 대상자에는 기존의 인사에 더하여 분명 한동훈도 포함될 것이다. 만약 총선에서 1당이든 과반수든 국민의힘이 승리한다면 다시금 서사를 만들어야 한다. 그래야 윤석열 대통령도 성공한 대통령으로 남게 될 것이다.

제 6편

한동훈의 길

한동훈이 가는 길의 준거(準據)

한동훈이 실패하지 않을 이유

한동훈의 비전과 제언

한동훈이 가는 길의
준거(準據)

이 책을 읽은 독자라면 한동훈이 강조하는 세 가지를 뽑아낼 수 있을 것이다. 그 세 가지는 한동훈의 관(觀)이기도 하다. 인생관이 될 수도 있고, 처세관, 세계관이 될 수도 있다.

첫째가 '정의와 상식'이다.

그는 법률가로서 '정의와 상식의 법치'를 이야기했지만, 그가 말하는 정의와 상식은 정치를 포함한 모든 분야에서 통용된다. 그가 법무부장관으로서 숱한 국회의원과 목소리를 높이며 논쟁할 때 모든 것은 정의와 상식에 바탕을 두었다. 부정의, 몰상식, 내로남불의 행태로 상대만 탓하고 꼬집는 국회의원과 한동훈은 가차 없이 싸웠고, 물러서지 않았다.

둘째는 '소신과 실력'이다.

한동훈은 감명 깊게 읽고 좋아하는 소설 「모비딕」을 바탕으로 소신과 실력을 이야기한다. 그는 리더가 되기 위해 소신을 가져야 하고, 소신을 갖기 위해 실력을 갖추어야 한다고 정의한다. 실력 없이는 소신을 주장하기 어렵기 때문이다. 물론 한동훈의 소신은 정의로움을 바탕으로 하는 것이다. 그는 정의와 상식에 반하는 소신을 극히 백안시(白眼視)한다.

셋째는 '디테일'이다.

한동훈과 떼어놓을 수 없는 부분이 디테일이다. 그가 연설이나 강연에서 즐겨 사용하는 표현 중 하나가 '악마는 디테일이 있다(The devil is in the detail)'이다. 이는 세부 사항 속에 문제점과 불가사의한 요소가 숨어 있다는 의미다. 대충 보면 쉬워 보이지만 제대로 해내려면 예상보다 더 많은 시간과 노력을 쏟아부어야 한다는 것이다. 무언가를 할 때는 철저하게 해야 하고, 그래서 세부 요소를 살펴야 한다는 것이다.

이와 같은 이념과 행동 철학이 업무에 있어서 한 치의 빈틈도 없게 만든 것이 아닐까 한다. 실제로 한동훈이 숱한 국회의원과의 말싸움에서 지지 않는 이유로도 보인다. 때때로 저기까지 살펴보고 찾아봤나 할 정도로 상세한 내용까지 지체 없이, 서슴없이 대응하는 것을 보면 그러하다. 이제 50대인 한동훈이라면 그동안 갈고 닦아온 인생관으로 디테일을 찾아갈 터이니 앞으로도 그 디테일이 크게 떨어지지는 않을 것이다.

우리가 알 수 있는 것은 과거의 길도 그랬지만, 미래 한동훈의 길도 위의 세 가지 관(觀)을 바탕으로 할 것이라는 점이다. 길이 없는 곳을 가다 보면 때로 벗어날 수 있지만, 한동훈은 스스로 기준으로 삼는 관(觀)에 근거하여 정도(正道)로 되돌아오려 할 것이다. 그것이 우리가 한동훈에게 기대하는 바이고 희망일 것이다.

국민은 한동훈의 거침없는, 정의와 상식, 소신과 실력에 근거한 디테일한 질주를 보고 싶어 한다. 국민은, 그리고 그의 열렬한 지지자들은 대한민국을 바꾸는 혁신의 길을 지나 대한민국을 한 단계 끌어올릴 혁명의 길에 앞장서 주기를 바란다. 한동훈 자신도 이를 인지하고 큰 꿈을 꾸고 있다. 국민의 기대대로, 지지자들의 열망대로 국민을 등에 업고 뚜벅뚜벅 '호시우행(虎視牛行)'의 걸음으로 걸어가기를 기대한다.

한동훈이
실패하지 않을 이유

이창민 한양대 교수는 윤석열과 한동훈의 조합이 실패할 수밖에 없다고 했다.(경향신문 2024.1.17.) 그러나 이 실패할 이유를 뒤집으면 한동훈이 보완해야 할 사항들이 나온다.

이 교수가 제시한 첫 번째 이유는 윤석열, 한동훈 두 사람이 역할 분담이 안 된다는 것이었다. "윤 대통령이 총선용 선심 정책을 난사하는 한, 한 위원장은 아바타라는 소리를 들을 수밖에 없다"는 것이다. 그러나 이는 성급한 평가로 보인다. 윤 대통령이 선심 정책을 난사하지도 않을 것이지만 두 사람은 각자의 역할을 찾아갈 수 있을 것으로 보인다. 윤 대통령이 나를 밟고 가라고 담대하게 양보할 수도 있다. 두 사람이 협력하고 연합할 수밖에 없는 이유는 총선에서 패배할 경우 모두 퇴로가 없다는 것이고, 두 사람의 신뢰 관계가 있기 때문이다.

두 번째 이유는 "한 위원장은 윤 대통령의 부족한 부분을 보완할 수 있는 사람이 아닌 나이만 살짝 어린 쌍둥이"라는 것이다. 이는 지난 대선 전략과 한동훈의 반운동권 시각, 민주당은 범죄자라는 총선 전략이 같다는 데서 추론한 것이다. 그러나 2024년 4월 총선 이슈의 스펙트럼은 변할 것이고, 그 변화 속에서 전략은 보다 폭넓어질 것이다.

세 번째 이유는 "대통령의 임기가 3년이나 남은 상황에서 둘 사이의 경쟁 관계가 형성될 수가 없어 둘 다 열심히 할 이유가 없다"라는 것이다. 전통적인 시각에서 보면 그렇겠지만 현재의 승리가 중요한 시점에서 두 사람은 다양한 전황을 만들어낼 것이다. 무엇보다 윤 대통령과 한 위원장은 경쟁 관계가 아니다. 한 위원장은 윤 대통령과 경쟁이 아닌 보완 속에서 극복을 하려고 할 것이다. 윤 대통령을 넘어서는 후생가외(後生可畏)의 모습을 보여 주어야 한 위원장의 미래도 보이기 때문이다.

이준석 전 대표가 "한동훈은 윤석열 키즈고, 나는 박근혜 키즈지만 이를 넘어섰다. 한 장관도 윤석열 키즈에서 벗어나야 한다"고 했지만, 근본적으로 한동훈은 윤석열 키즈가 아니다. 과거 검찰에서의 관계 그대로 선·후배 관계, 상급자와 하급자의 관계, 문재인 정부하에서 핍박을 이겨내고 함께 정권을 창출한 동지적 관계에 가깝다.

한동훈은 스스로 윤석열 키즈라고 한 적이 없다. 윤석열의 키즈도 아니고 아바타도 아니다. 윤 대통령과 한 위원장의 출생 시기인 1960년과

1973년의 시대 상황이 다르고, 성장기의 대한민국 상황에도 큰 차이가 있다. 즉, 두 사람은 같지 않고, 그렇기 때문에 대책과 해결책도 다를 것이다.

한동훈의 비전과 제언

누가 뭐래도 정치 지도자로서의 우선적인 역할은 비전 제시다. 한동훈이 야당 국회의원과 한 치의 물러섬 없이 싸우는 모습은 보수층에게 시원함과 청량감을 느끼게 했다. 그러나 투쟁의 선봉장 이미지는 점수를 따는 데 한계가 있다. 대표 리더가 되기 위해서는 비전을 보여주어야 한다. 비전과 실천이라는 측면에서 윤석열 대통령과 분명히 차별화하여 우려를 불식시켜야 한다.

그는 술 마시지 않고, 젊고, 젠틀한 이미지로 중도층과 수도권 표심에 긍정적인 영향을 미칠 것으로 예상되고, 청년·여성층이 거부감을 느끼는 '쩍벌 이미지'나 '아저씨 이미지'가 없는 것도 큰 장점으로 윤석열 대통령과 차별화되고 있다.(국민일보 2023.12.22.) 그러나 보다 중요한 차별성은 비전을 현실화하여 실천하는 데서, 디테일화 하는 데서 보여야 한다. "한동훈 비대위가 성공하려면 윤 대통령과 각을 세우는 것이 아니라 이미지와 인물 기용, 정책 개발에서 차별화해야 한다. 윤 대통령에게도 쓴소리를 할 수 있어야 비대위원장의 리더십과 권위가 생긴다. 이념과 진영에 관계없이 반듯하고 참신한 인물들을 과감하게 중용해야 한다. 그리고 저출산으로 인한 인구 감소 위기를 극복하고, 성장 동력을 상실한 채 장기 침체에 빠진 한국 경제를 구하기 위한 해법들을 제시해야 한다. 말로

훈풍이 분다

만 그친 정부의 개혁 과제들을 되살리는 묘안도 도출해야 한다."(국민일보 2023.12.26.)

'똑똑한 한동훈'의 성패를 가를 잣대는 명확하다. 보수도, 진보도 아닌 거대한 30%대의 중도층에 어필할 확장성이다.(최훈 칼럼, 중앙일보 2023.12.11.) 이는 중도층도 끌어들일 수 있는 강력한 혁신과 신뢰의 정치를 해야 한다는 것이다. 한동훈 위원장 스스로도 중도에 대해 확실하게 이해하고 있음을 밝힌 바 있다.

> "
> 우파 정당이든, 좌파 정당이든 중도 확장을 해야 한다는 전략을 말합니다. 그런데 모든 이슈에 대해서 일관되게 중간 위치의 입장을 갖는 사람이란 현실 세계에 존재하지 않습니다. 중도층이란 어떤 이슈에서는 오른쪽 입장을 갖는 사람들, 평균 내면 대충 중간 정도의 수치가 나오는 분들을 말하는 것이죠. 그러나 이분들의 지지를 받기 위해서 기계적으로 중간 지침을 겨냥한 답을 내는 건 잘못된 판단입니다. 대신 개별 이슈마다 어느 쪽에서든 선명하고 유연하게 정답을 찾으려는 고려를 해야 한다고 생각합니다. 우리 국민의힘은 그렇게 할 겁니다.
>
> — 관훈클럽 토론회 기조연설 2024.2.7.
> "

일각에서는 "한동훈식 6·29선언이 절실하다"고 이야기한다.(박석원 논설위원, 한국일보 2024.1.13.) 이 말의 근원은 김건희 여사와 관련된 사안이고 그 전례로 "호헌선언을 뒤집고 국민이 원하는 직선제 개헌을 받아들인 과거 노태우 당시 여당 대표의 퍼포먼스"를 든다. 국민의힘의 위기 돌파 차원에서 이와 같은 퍼포먼스가 불가피하다는 것이다. 그런데 이 주장의 핵심이 바로 확장성과 연관된다.

선거가 막바지로 갈수록 압박은 가중될 것이다. 이현우 서강대 정치외교학과 교수는 "선거가 다가올수록 김건희 여사 리스크에 대한 한 위원장의 입장 표명 요구가 거세질 가능성이 있다. 총선 판세에 따라 '김건희 특검' 수용 등이 최후의 카드로 등장할 수도 있다"(국민일보 2024.1.24.)라고 했다.

　이미 다양한 해법이 제시되고 있다. 최선의 선택으로 실행하면 될 뿐이다. 결국은 윤석열 대통령과 한동훈 위원장의 결단에 달려 있다. "정치에서 대중에게 카타르시스를 주는 자체가 최상의 비책이다. 기대값이 크면 리스크도 큰 법. 한 위원장에 대한 관심이 꺾이면 여권의 총선 전망은 밝지 않다. 총선 패배의 책임을 한동훈이 송두리째 안을 수 있다"는 박석원 논설위원의 조언은 숙고할 일이다.

훈풍이 분다

제 7 편

손자병법으로 읽는 한동훈

손자병법으로 읽는 한동훈

손자병법은 중국 춘추전국시대 당시, 그 중에서도 춘추시대 제나라 출신 손무(孫武, B.C. 544년경~B.C. 496년경)라는 병법가가 쓴 책으로 총 13편으로 구성되어 있다. 동·서양을 불문하고 최고의 병법서로 알려져 있고, 수많은 전략가나 장군, 경영인들도 옆에 두고 읽은 책이다. 본 서는 손자병법의 주요 내용들을 바탕으로 한동훈을 읽어보고자 한다.

손무가 살던 시기는 춘추전국시대에서 춘추시대(BC 770~BC 403) 말기에 해당한다. 춘추시대는 춘추오패라 하여 주나라 황실, 즉 천자를 두고 나머지 제후들이 패자가 되어 호령하던 시기를 말한다. 춘추오패는 제(齊)나라 환공(桓公), 진(晉)나라 문공(文公), 초(楚)나라 장왕(莊王), 오(吳)나라 합려(闔閭), 월(越)나라 구천(句踐)을 말한다. 특히, 오의 합려와 월의 구천은 오월동주(吳越同舟), 와신상담(臥薪嘗膽) 등의 고사로 유명한 나라이고 그 당사자들이다.

오월동주(吳越同舟)는 오나라와 월나라 사람이 서로 원수처럼 싫어했지만 강을 건너다 풍랑을 만나 배가 위험해지자 힘을 합쳐 도왔다는 고사다. 이는 오랜 원한이 있더라도 똑같이 어려운 상황에 놓이게 되면 이해관계를 함께하여 서로 도와 위기를 헤쳐 나가기 위해 노력한다는 말이다.

와신상담(臥薪嘗膽)은 땔감 위에서 누워 자고 쓸개를 맛본다는 뜻으로, 목표를 이루기 위해서는 어떠한 고난도 참고 이겨낸다는 말이다.

합려는 구천을 공격하다가 구천에게 패하여 전사했는데 합려의 아들 부차가 이를 원통해 했다. 부차는 매일 밤 불편한 장작 위에 누워 잠을 청하는 고통을 감내하며 복수를 다짐했고, 결국 월을 침공하여 구천을 굴복시키는 데 성공했다. 물론 복수에 성공한 후 부차의 와신(臥薪)은 끝났다.

부차에 패한 구천 또한 그 치욕을 잊지 않기 위해 천장에 쓰디쓴 곰 쓸개를 매달아 놓고 매일 핥으며 복수를 다짐했고, 구천은 오를 함락하고 부차를 자결하게 하였다.

　중요한 것은 이와 같은 오월동주와 와신상담이 지금도 계속되고 있다는 점이다. 2024년 4·10 총선을 앞두고 보수와 진보가 모인 개혁신당과 같은 사례가 오월동주의 한 예일 것이다. 그리고 보수와 진보는 대선을 두고 늘 와신상담하며 정권 탈환을 시도하고 있다.

　손자병법의 저자 손무는 조국인 제나라에 내란이 일어나자 이를 피해 오나라로 피신했다. 피신 중에 초나라에서 망명한 오나라 재상 오자서(伍子胥)의 추천으로 오왕 합려를 도와 중국을 제패했다. 합려는 손무의 능력을 보기 위해 자신의 궁녀들을 훈련시켜보라고 요구했다. 이에 손무는 합려가 총애하는 궁녀 2명을 각각 대장으로 임명하고 두 편으로 나누었다. 그리고 훈련 방식과 규정을 알려준 후 명령에 따라 행진하게 하였으나 궁녀들은 이를 장난으로 받아들이고 큰 소리로 웃기만 했다. 이에 손무는 장수인 자신에게도 책임이 있다고 하며 명령 체계와 신호를 확실히 숙지하게 한 뒤 또다시 행진하도록 하였다. 그러나 궁녀들은 여전히 명령을 따르지 않았다.

　이에 손무는 "명령이 분명하지 않고 명령에 숙달되지 않은 것은 장수의 책임이다. 하지만 명령이 명확함에도 군법에 따르지 않는 것은 병졸들의 죄이다." 라고 공표하며 부대장을 처형하라고 명령한다. 몹시 놀란 합려는 사람을 보내 "과인은 이미 그대의 용병술이 뛰어난 것을 알았소. 과인은 저 두 궁녀가 없으면 밥을 먹어도 단 맛을 느끼지 못하니 부디 명을 거두시오"라고 전하였다.

　그러나 손무는 "저는 이미 왕명을 받들어 장수가 되어 있습니다. 하지만 장수는 군에 있을 땐 왕명이라도 받들지 않는 경우가 있습니다."라고 한 뒤 끝내 두 궁녀의 목을 베었다. 그 후 목을 벤 궁녀들 다음으로 합려의 총애를 받은 두 궁녀를 새로운 대장으로 삼고 다시 명을 내리자, 궁녀들은 아무 불평도 내색하지 않고 자로 잰 듯 정확하게 명령을 수행했다. 이에 손무는 군대가 준비되었다며 합려에게 보고했다.

합려는 자기가 가장 사랑하는 궁녀를 죽인 손무를 멀리했지만 결국 손무를 등용하여 중원의 패자가 되었다. 그러나 월나라를 항복시킨 합려가 자만에 빠져 향락을 일삼자 손무는 오를 떠나 은거했다고 한다.

한동훈과 오사(五事): 도(道) 천(天) 지(地) 장(將) 법(法)

손자병법 1편은 시계(始計) 편이다. 과연 전쟁을 할 수 있는지, 능력이 있는지, 전쟁을 한다면 승리할 수 있는지를 기록한 부분이다. 손무는 전쟁을 할 때 다섯 가지 사안을 분석하고 일곱 가지 상황을 계산하여 전쟁 여부를 결정한다고 했다. 이를 오사(五事)와 칠계(七計)라고 하는데 오사 (五事)는 도(道) 천(天) 지(地) 장(將) 법(法)이 바로 그것이다.

도(道)는 도의(道義)를 의미한다. 위와 아래가 한 뜻이 되어 같이 죽고 같이 살기를 두려워하지 않는 것, 조직 내부의 일치단결을 말한다. 한동훈은 국민의힘 비상대책위원장을 수락하면서 당원들과 국민의힘 지지자, 보수와 중도 세력이 하나로 뭉쳐서 다함께 싸우자고 외친 바 있다.

"

"우리가 용기내기로 결심해야 합니다.
저는 용기내기로 결심했습니다.
그렇게 용기내기로 결심했다면 헌신해야 합니다.
용기와 헌신, 대한민국의 영웅들이
어려움을 이겨낸 무기였습니다.
우리가 그 무기를 다시 듭시다.

훈풍이 분다

우리는 상식적인 많은 국민들을 대신해서
이재명 대표의 민주당과 그 뒤에 숨어 국민 위에 군림하려는
운동권 특권 세력과 싸울 겁니다.
호남에서, 영남에서, 충청에서, 강원에서,
제주에서, 경기에서, 서울에서 싸울 겁니다.
그리고 용기와 헌신으로 반드시 이길 겁니다."

— 국민의힘 비상대책위원장 수락 연설 2023.12.26.

”

천(天)은 기후와 천문(天文)을 아우른 것으로 밤과 낮, 추위와 더위, 시간의 제약 등과 관련된다. 한동훈에게 전쟁일은 2024년 4월 10일로 이미 정해져 있다. 선거일의 날씨가 선거 투표율과 관련이 있음은 익히 알려져 있다. 날씨는 하늘의 뜻이고, 선거운동은 정해진 시기에 하는 것인 만큼 여야 간 유불리를 논하기는 어렵다. 그저 최선을 다하고 하늘의 뜻을 기다릴 일이다.

지(地)는 지리(地利)를 말하며 땅의 멀고 가까움, 험한지 평탄한지, 넓은지 좁은지, 죽을 자리인지 살 자리인지를 따지는 것이다. 이제 지리(地利)는 지연(地緣)과 관계하지 않을까 한다. 한동훈은 전국을 돌 때마다 지역과의 인연과 연고를 열거한 바 있다. 이를 이용하는 한동훈 위원장은 이미 지리(地利)를 파악하고 있는 것이다.

장(將)은 전쟁을 지휘하는 장수에 대한 것으로, 손무는 '장수는 지력(智力)과 신의와 사랑과 용기와 엄격함을 갖춰야 한다'라고 말했다. 언론과 국민은 국민의힘 비상대책위원장으로서의 역할을 200% 수행하고 있는 지휘관 한동훈의 명석함, 세련됨, 순발력, 전투력, 디테일의 세심함을 인정한다. 과거의 일을 대화에 활용하고 앞을 내다보는 명석함은 물론이고, 야당과의 싸움에서 보여준 순발력과 전투력도 증명되었다. 작은 부분까지 눈여겨보는 그의 세심함은 알려진 지 오래다. 더욱이 그가 사용한 '동

료직원' '동료시민'이라는 용어에는 이미 신의와 사랑이 내포되어 있다.

법(法)은 법제(法制)에 관한 것으로 군대의 편제와 운용, 장수와 군관(장교)의 관리, 군수물자의 조달과 공급, 훈련 일정, 보고 체계, 사소한 업무 처리 방식 등을 말한다. 법무부장관을 지낸 한동훈에게 법제에 관한 사항은 두말할 필요가 없을 것이다. 그는 중요한 사안들에 대해 당의 빠른 대처를 주문했고, 다만 최종적으로 자기에게 보고하고 실행하라고 지시했다고 말한 바 있다.

"

반응이 너무 느렸죠. 싸워야 할 때 몸 사리고 싸우지 않았죠. 그리고 다 떠나간 다음에 얘기하고 직접적으로 몸 사리고 덤비는 사람이 적었습니다. 우리 국민의힘, 그렇게 할 겁니다. 그렇게 바뀌고 있습니다. 우리 속도가 바뀌고 있습니다.

저는 이 당을 맡은 이후에 어떤 종류의 네거티브가 오거나 어떤 종류의 우리에 대한 뭐가 나오면 무조건 24시간 이내에 반응하도록 지시했습니다. 그리고 그게 나가는 경우에 통일성을 갖추기 위해서 반드시 저를 거치게 했습니다. 밤이든 낮이든 저에게 문자를 보내고 제가 한 번은 보고 나가게 했습니다. 국민들께서는 이슈를 24시간 이상 기다려주지 않을 거거든요.

우리는 거기에 대해 우리 지지자와 우리 국민들이 수긍할 수 있는 논리를 제공해 드려야 합니다. 그 부분에 대해서 속도를 내야하는 것이고요. 그 속도감을 이번 총선에서 충분히 보여드릴 겁니다.

— 관훈클럽 토론회에서 2024.2.7.

"

　제가 이끄는 국민의힘은 책임감과 반응이라는 점에서 과거와 다를 것이고, 이미 그렇게 변하고 있습니다. 집권 여당으로서 약속을 하면 반드시 실천하고, 허황된 말로 국민을 현혹하지 않을 겁니다.

　그리고 국민들께서 합리적인 비판하시고 불편해하시면 시간 끌면서 뭉개고 미루지 않고 바로바로 반응할 겁니다.

　속도감 있게 결정할 거고, 그렇게 결정하면 좌고우면하지 않고 실천할 겁니다. 국민의힘이 파이팅 있게, 더 속도감 있게 달라졌다고 느끼시는 분들이 앞으로 더 많아지실 겁니다.

— 관훈클럽 토론회에서 2024.2.7.

"

한동훈과 칠계(七計)

손무는 전쟁을 시작하기 전 신중하게 비교하고 계산하라고 주문한다.

　첫째, 주숙유도(主孰有道). 통치자는 누가 더 훌륭한가?
　　누가 치도(治道)에 부합하게 다스리는가?
　둘째, 장숙유능(將孰有能). 어느 쪽 장수가 더 유능한가?
　셋째, 천지숙득(天地孰得). 하늘과 땅의 이로움이 누구에 유리한가?
　넷째, 법령숙행(法令孰行). 어느 쪽 법령이 잘 지켜지고 집행되는가?
　다섯째, 병중숙강(兵衆孰強). 어느 쪽이 더 단결되어 있나?
　여섯째, 사졸숙련(士卒孰練). 어느 쪽 병사가 더 잘 훈련되어 있나?
　일곱째, 상벌숙명(賞罰孰明). 어느 쪽 상벌이 분명한가?

첫째, 선거에서 통치자는 각 당을 이끄는 당대표나 비상대책위원장이라고 볼 수 있다. 국민은 여·야당 대표의 행태를 보고 마음을 정할 것이다. 2월 2주차 전국 지표 조사에서 정부·여당 지원론(47%)이 정부 견제론(44%)를 오차범위 내에서 눌렀다. 전문가들은 이와 같은 추이에 대해 선거 구도가 '윤석열 대 이재명'에서 '한동훈 대 이재명'으로 전환된 결과라고 분석했다.(문화일보 2024.2.14.)

둘째, 어느 쪽 장수가 유능한가? 각 당대표들은 유능한 장수를 선발하기 위해 공천에 노력하고 있다. 천하의 인재를 모으기 위해 공약을 만들고 유인책을 마련 중이다. 좋은 인재를 모으는 쪽이 승리에 더 가까울 것이다. 한동훈은 과거 공천의 문제점이 무엇이고, 유능한 인재를 끌어오기 위해 어떻게 해야 하는지를 인식하고 있었다. 그래서 소위 '시스템 공천'을 시작한 것이다. 공정한 공천, 당사자가 받아들일 수 있는 공천, 이기는 공천을 하는 것. 한동훈은 공천의 원칙에 대해 이렇게 말했다.

"

클리셰(진부한 상투어)로 얘기하자면 깨끗한 공천, 당사자를 설득할 수 있는 공천, 이기는 공천이겠죠. 이 클리셰에는 동의하고 저희는 이게 목표인 게 맞습니다만 조금 더 구체적이고 날 것의 말씀을 말씀드리자면 공천 과정에서 저는 과거의 문제들을 봤습니다.

과거의 문제는 공천을 하는 과정에서 이기기 위한 목적만 생각하는 것이 아니라, 한 정당이 자기가 신세 지거나 아는 사람을 은혜 갚는 식으로 끼워 넣는다던가, 그리고 최대한 이기는 것을 목표로 하기보다 그 이후에 내부 정치나 자기 세력 확대를 목적으로 한 구도를 짜려는 것, 이런 식의 사(私)가 들어갔을 때 선거가 망하는 것이라고 생각합니다.

그런 공천하지 않겠다는 거고요. 그런 공천을 하지 않기 위해서, 대표라면 제가 우리나라에 있는 정당의 대표 중 가장 유능하다라고 말할 수 없을지 모르지만, 저는 그 공천을 하기에는 저는 가장 적합하고 준비된 대표입니다. 저는 아는 사람이 없습니다. 그리고 계파의 문제는 상당히 지엽적인 문제라고 생각합니다. 그리고 제가 그런 식의 공천을 하기 위해서 정치에 데뷔하는 날 정계 은퇴 비슷하게 불출마 선언을 했습니다.

"

셋째, 고대에는 전쟁을 하기 위해 하늘과 땅의 이로움을 반드시 살펴야 했다. 오늘날 선거는 정해진 날에 하는 만큼 천지의 이로움을 따지기는 어렵다. 그러나 한동훈은 목련꽃이 피는 봄이 오면 국민의 사랑을, 선택받기를 고대한다면서 '목련 피는 4월'을 언급함으로써 국민의 마음을 끌어들이고 있다.

넷째, 여야 양측의 법령이 잘 지켜지는지에 대해서는 국민이 지켜보고 있다. 여야는 공천을 위해 이현령비현령(耳懸鈴鼻懸鈴) 하듯 공천 요건을 정하고 있다. 국민은 이를 판단할 것이다.

실제로 한동훈 위원장은 더불어민주당의 공천을 '대장동식 공천'이라고 비난했다. 문학진 전 민주당 의원이 이(재명) 대표가 측근에게 공천을 주려고 자신에게 불출마를 권했고 그 과정에 이 대표의 비선 조직이 개입했을 가능성을 제기한 것과 관련해서 "대장동 비리가 이런 식으로 일어났겠구나. 정식 라인을 무시하고 비선을 동원하면서 사적 이익을 취했겠구나"라고 비꼬았다. 한 위원장은 "노웅래 의원 입장에서 보면 이재명이 저렇게 출마하는데 자기는 안 나가겠다고 하는 것이 어렵지 않겠느냐"면서 "모든 문제는 이재명에서 비롯됐다. 이재명 자기는 억울한 기소이고 노웅래는 수긍할 만하다? 이건 너무 뻔뻔하다"고 비난했다.

다섯째, 병사의 단결은 공천 과정의 단합과 분열의 모습에서 찾아볼 수 있다. 자기 세력을 키우기 위해 공천(公薦)이 아닌 파천(派薦, 파당적 공천), 당대표 또는 공천권을 가진 사람을 위한 사천(私薦)이 행해지는 모습을 보며 국민의 선택이 결정된다.

김무성 전 당대표가 공천 신청을 철회하며 "시스템 공천이 정착된 것에 큰 보람을 느낀다"고 했다. 김무성 전 대표가 시스템 공천 정착을 평가하며 불출마를 선언한 것은 시사하는 바가 크다. 진박(眞朴) 감별 논란 같은, 대통령 주변 세력이 분탕질을 하는 최악의 공천 파동은 피해 가고 있다는 얘기다.(정용관 칼럼, 동아일보 2024.2.19.) 이처럼 공천을 포기하는 중진 의원이 자신이 소속된 당의 공천을 칭찬한 날, 민주당에서는 '밀실 공천' '비선 공천' 논란이 터졌다. 이재명 대표와 소위 '친명' 인사들이 낙천자 명단을 추리는 컷오프 회의를 했다고 알려지자 해당자들이 반발한 것이다. 이처럼 이 대표가 계속해서 사천(私薦) 논란에 휘말리고 있는 반면, 한동훈 위원장의 사천 논란은 김경률 불출마와 윤희숙 경선으로 조기에 해소됐다. 이 대표가 돈 봉투 연루 의원 등의 불출마를 타진하며 자신의 사법 리스크를 부각하는 역풍을 불렀다는 보도가 연이어 나올 때, 한동훈 위원장은 김무성, 김성태 의원 등 불출마자나 험지 배치자를 위로하고 격려했다는 말이 보도됐다.

여섯째, 병사의 훈련 정도를 선거에 대입하면 얼마만큼 정신 무장이 되어 있는지와 관계된다. 한동훈 위원장은 운동권 특권 정치 청산을 외치고 있다. 당을 숙주 삼아 수십 년간 대대손손 국민 위에 군림하고 가르치려 드는 운동권 특권 정치를 청산해야 한다고 말한다. 이재명 대표의 민주당이 운동권 특권 세력과 개딸 전체주의와 결탁해 자기가 살기 위해 나라를 망치는 것을 막아야 한다고 하면서, 이번 총선에서 지난 30여 년의 운동권 부정부패를 끊는 데 국민이 나서 줄 것을 외치며 당원들의 정신무장을 고취했다.

일곱째, 어느 쪽 상벌이 분명한가? 고대에 신상필벌(信賞必罰)은 매우 중요했다. 상벌이 명확하지 않으면 병사들은 목숨 바쳐 싸우려 하지 않았고 내부 분열 속에서 필패로 이어졌다. 선거에서 상벌의 명확함은 공천 과정에서 보여진다. 당대표의 공천, 자기 계파의 공천을 위해 공천 요건을 바꾸는 것은 이미 공정한 상벌의 취지를 잃고 있다고 볼 수 있다.

손무는 오사(五事)와 칠계(七計)를 살피고 정확히 비교 분석하여 전쟁 여부를 판단하라고 한다. 그는 "나는 이 일곱 가지 상황으로 승부를 알 수 있다. 지휘관이 나의 계책을 듣고 군사를 운영하면 반드시 승리하니 그를 유임시키고, 지휘관이 나의 계책을 듣지 않고 군사를 운영하면 반드시 패배하니 그를 곧바로 교체해야 한다."라고 했다. 선거는 총칼 없는 전쟁이다. 이에 앞서 오사와 칠계를 따져보는 것은 선거의 승패를 가늠하는 방법이 될 수 있을 것이다.

한동훈과 장수의 자질 : 지(智) 신(信) 인(仁) 용(勇) 엄(嚴)

손무는 지휘관이 갖추어야 할 요건을 智·信·仁·勇·嚴也(지·신·인·용·엄), 즉 지혜, 신의, 인애, 용기, 엄격함이라고 했다.

지(智)는 지략을 말하고, 신(信)은 약속을 지키는 일로 신상필벌과 관계 있다. 강태공은 '형벌은 높은 사람에게, 상은 낮은 사람에게'라고 말한 바 있다. 인(仁)은 조직 관리와 관계가 있다. 손무는 "병사를 아이처럼 돌보면 그들과 함께 계곡을 지날 수 있고, 자식처럼 아끼면 그들은 나와 함께 죽을 수도 있다."라고 말했다. 때로 지휘관은 인간적인 면으로 부하에게 다가가야 하는 것이다. 용(勇)은 용맹함, 대담함이다. 한동훈은 야당과의 전투에서 물러서지 않는 대담함과 용맹함을 보여왔다. 이것이 바로 국민이 한동훈을 따르고 지지하는 요인이기도 하다. 엄(嚴)은 엄격함으로서 명령이 잘 지켜지는가를 말한다.

장수의 자질을 살펴보면 한동훈이 장수로서, 지휘관으로서의 능력을 갖추었는지를 판단해 볼 수 있을 것이다. 이에 대한 판단은 국민이 할 일이다. 참고로 오자(吳子)는 장수가 갖춰야 할 요건이 1만 명의 병사를 1명처럼 다루는 관리(理) 능력, 언제라도 싸울 태세를 갖추고 있는 준비(備)성, 싸움을 시작하면 좌우 살피지 않고 몰아치는 과단(果)과 용맹함, 싸움에 이겼어도 다시 싸울 태세를 잃지 않는 경계(戒), 법령을 간결(約)하게 하는 능력이라고 말한다. 앞으로 한동훈 위원장이 보이는 행태에 장수의 요건들을 담아볼 수 있을 것이다.

한동훈과
승리의 다섯 가지 조건

　　전쟁이 불가피하다면 이기는 싸움을 해야 한다. 싸우기 전에 승산을 염두에 두고 전략을 짜야 한다. 손자병법에서는 승리를 판단할 수 있는 요소에 다섯 가지가 있다(知勝有五 지승유오)라고 했다.

　　첫째, 싸워야 할지 말아야 할 지를 아는 자가 이긴다(知可以戰與 不可以戰者勝 지가이여전 불가이전자승). 한동훈은 이미 싸워야 할 때라고 판단했고, 싸워서 이기자고 했다. 이제 운동권 특권 정치를 청산해야 할 때라고 국민 앞에 외쳤다.

　　둘째, 군대의 많고 적음을 쓸 줄 아는 자가 이긴다(識衆寡之用者勝 식중과지용자승). 이는 군대를 다루는 능력이고, 중요한 것은 용병의 도(用兵之道)를 아는 것이다. 수나라 양제는 100만 대군으로도 을지문덕 장군에게 패했고 결국 나라를 잃었다. 수가 아무리 많아도 부리지 못하면 패하는 것이다.

셋째, 상하가 일치단결하는 쪽이 이긴다(上下同欲者勝 상하동욕자승). 이는 윗사람과 아랫사람이 같은 것을 바라야 이긴다는 뜻으로, 뭉치면 살고 흩어지면 죽는다는 말과 동일하다. 모든 전쟁과 전투에서 내부 분열은 필패를 가져온다. 일치단결 승하고 내부 분열 패한다는 말은 만고의 진리이다.

넷째, 싸울 준비를 끝내고 적을 기다리는 자가 이긴다(以虞待不虞者勝 이우대불우자승). 유능한 장수는 싸울 준비를 끝내고 적을 기다렸다가 지친 적을 깨서 이긴다. 이기는 군대는 이겨놓고 싸움에 나서고, 지는 군대는 싸움부터 하고 승리를 찾는다(勝兵先勝而後求戰 敗兵先戰而後求勝 승병선승이후구전 패병선전이후구승)고 했다.

다섯째, 장수는 유능하고 임금은 개입하지 않는 쪽이 이긴다(將能而君不御者勝 장능이군불어자승). 한동훈은 "용산(대통령실)은 용산의 할 일이 있고, 당(비상대책위원장)은 당의 할 일이 있다."고 말했다. 공천 과정에서 용산의 개입을 묻는 기자들의 질문에도 '공천은 당이 한다'면서 비상대책위원장의 권한임을 분명히 했다. 또한 "지금은 대통령과 여당대표라는 공적 지위에서 서로 할 일을 하는 것이다. 개인적인 관계는 여기서 낄 자리가 없다"며 대통령과의 관계를 분명히 한 바 있다.

윤석열 대통령 또한 KBS와의 대담 프로그램 '특별 대담-대통령실을 가다'에서 "(한동훈과) 최근에 통화한 적은 없다. 가까운 사이였지만 제가 총선 끝나고 보자고 했고, 본인도 그렇게 하겠다고 했다"고 말했다. 윤 대통령은 "비대위원장 취임 무렵 통화를 했다. 선거 지휘라든지 공천이라든지 이런 데는 관여하지 않겠다고 했다"고 밝혔다.

정용관 논설실장은 "한동훈은 윤석열 아바타라는 공세는 잘 먹히지 않는다. 용산의 사퇴 요구 및 반격을 거치며 한 위원장의 존재감은 더 커졌다. 총선 전 현재 권력과 미래 권력이 또 충돌하는 상황은 없을 것이라 단언하긴 어렵지만 양쪽 다 팽팽한 긴장 속에서 선을 넘지 않으려 할 것이다."(동아일보 2024.2.19.)라고 하며 공천에서 용산 대통령실의 개입이 최소화된 것으로 보았다.

공격의 3대 요결

손무는 전쟁, 전투와 관련하여 다양한 요령과 기술을 제시한다.

첫째가 선제(先制)이다. 먼저 자리잡고, 유리한 곳을 점령하고 적을 기다린다는 것이다. 한 박자라도 먼저 움직이는 것이 유리하다는 의미이다. 선거에서는 이슈를 선점하는 것이다. 다양한 측면에서 이슈를 점하여 상대 후보를 공격하는 것이 공격의 첫 번째 요결이다.

둘째는 주동(主動)이다. 적을 끌어들이되 적에게 끌려다니지 않는다는 것을 말한다. 적에게 끌려다니며 싸우면 필히 패한다. 적이 편할 때는 피곤하게 하고, 적이 배부를 때는 배고프게 하고, 적이 안정돼 있을 때는 움직여 피곤하게 하면 된다. 세 방법 모두 적에게 쉴 틈을 주지 않고 지치게 만드는 것이다. 지친 적을 이기는 것은 쉽다.

셋째는 의표(意表)이다. 생각 밖이나 예상 밖의 것을 말한다. 흔히 '의표를 찌른다'는 말은 상대가 생각지 못한 곳, 약점을 공격하는 것이다.

지금까지 한동훈 위원장은 괜찮은 싸움의 기술을 전개하는 것으로 보인다. 남은 총선까지 싸움을 이끌고 나가려면 때와 장소에 맞춰 선제, 주동, 의표를 구사해야 할 것이다.

한동훈이 승리를 원한다면

손자병법은 지휘관의 잘못된 판단과 지휘로 인한 패전 사례를 들어 설명한다.

첫째, 주병(走兵). 분산된 힘으로 집중된 적을 상대하다 결국 도망가는 군대가 되는 것이다.

둘째, 이병(弛兵). 졸강이약(卒强吏弱)으로 병사들은 강한데 부사관들이 약한 해이한 군대를 말한다.

셋째, 함병(陷兵). 이강졸약(吏强卒弱)으로 부사관들은 강한데 병사들이 약해 함몰하는 군대를 말한다.

넷째, 붕병(崩兵). 장교들이 장수의 명령에 불복해 마음대로 싸우며 무너지는 군대를 말한다.

다섯째, 난병(難兵). 장수가 중심을 못 잡아 혼란한 군대를 말한다.

여섯째, 배병(北兵). 장수가 적의 전력을 분석할 능력이 없는데도 싸워 패배하는 군대를 말한다.

지휘관이 상황 파악을 못하고 싸우면 승리하기 어렵다. 그래서 손무는 군기를 엄정히 세우고 병사들과 한 몸이 되라고 말한다. 즉, 선거에서 이기려면 정예 인력인 선거운동원과 당원의 정신을 철저히 무장하고, 왜 이겨야 하는지를 고취하고, 국민의 마음을 사서 지지를 끌어내야 한다.

삼국지의 제갈량은 욕심이 끝이 없는 것, 현명하고 유능한 자를 질투하는 것, 참언을 믿고 아첨을 좋아하는 것, 남의 단점만 알고 자기 단점은 모르는 것, 일을 처리할 때 우유부단한 것, 절제하지 못하고 주색에 빠지는 것, 간교하면서 겁은 많은 것, 변명하기 좋아하는 것을 장수의 폐단이라 했다. 2천여 년이 지난 지금도 크게 다르지 않다. 한동훈 위원장이 총선까지 남은 시간 동안 폐단을 멀리하면 승리는 가까이 있을 것이다. 끝으로 정용관 논설위원의 조언을 옮긴다.

"한동훈 대 이재명의 대결로 전환되면서 겉으론 윤석열 대 이재명의 대선 연장전, 혹은 정권 심판론이 다소 희미해진 듯 보이지만 착시일 수 있다. 야권이 지리멸렬한 상태로 총선까지 갈지, 극적 봉합의 길을 찾을지도 지켜봐야 한다. 누가 국민 앞에 더 겸허하고 덜 오만하고, 또 유능하고 비전이 있을까. 누가 사리(私利) 대신 대의(大義)를 부여잡고 줏대 있게 밀고 나갈 것인가." 바로 여기에 승리의 답이 있다.

훈풍이 분다

한동훈 주요 연설

최재혁이 만난 사람*

조선일보 인터뷰 전문, 2021.2.15

한동훈 "조국 덮었으면 꽃길 갔을 것, 사냥개 원하면 날 쓰지 말았어야"
'적폐 수사'로 승승장구하다 '조국 수사'로 좌천된 한동훈 검사장

— 최재혁 사회부 부장대우

한동훈(48) 법무연수원 연구위원은 검찰 내에서 가장 논쟁적 인물이다. 윤석열 검찰총장 밑에서 이명박·박근혜 전 대통령에 대한 이른바 적폐 수사를 총괄했던 그는 문재인 정부 들어 서울중앙지검 3차장, 대검 반부패·강력부장으로 승승장구했다. 그러나 2019년 조국 일가 수사를 지휘한 이후 작년에만 세 번 좌천됐고 1년 내내 '채널A 사건'으로 수사를 받는 처지가 됐다.

한 검사장은 자타가 공인하는 윤석열 측근이다. 이성윤 서울중앙지검이 '검·언 유착' 프레임으로 밀어붙였다가 실패로 끝났다는 게 중론인 채널A 사건 수사도 사실상 윤석열 총장을 겨냥한 걸로 볼 수 있다. 윤 총장은 이 사건 처리에서 한 검사장을 감쌌다는 이유 등으로 직무 배제와 징계 청구를 당했다.

할 말이 많지 않으냐는 본지 인터뷰 요청을 수차례 거절하던 한 검사장을 설 연휴 중인 13일 그의 서울 집 부근에서 만났다. "어감을 충실히 살려 달라"는 그의 요청에 따라 문답을 경어체로 정리했다.

*
한동훈이 '조국 수사'로 좌천되어 법무연수원 연구위원으로 있을 때, 즉 문재인 정권으로부터 한창 핍박당하고 있을 때 했던 인터뷰로 한동훈을 알리는 계기가 되었다. 2021.2.15. 03:55 처음 작성되었고 2024.1.4. 13:59 업데이트 된 기사이다.

공작에 당해 감옥 갈 수 있겠다 생각

— 현직 검사장인 당신이 채널A 기자와 유착해 총선을 앞두고 유시민씨 비리 의혹을 제기하려고 했다는 '채널A 사건'에 대해 어떻게 생각하나요.

"진실이 어디 가지 않는다고 생각합니다. 권력을 가진 쪽에서 벌인 공작과 선동이 상식 있는 사람들에게 막혀 실패한 거죠."

— 이성윤 중앙지검장은 '한동훈이 휴대전화 비밀번호를 안 주니 포렌식 기술이 더 발달할 때까지 기다리자'며 무혐의 결재를 미루는데.

"추미애 전 장관 등이 9개월 전에 상당한 증거가 있다고 말했는데, 다 어디 가고 아직 휴대전화 얘기만 되풀이하는지 모르겠네요. 어떻게든 흠을 찾아보려는 별건 수사 의도를 의심하는 사람이 많습니다."

가족들에게 험한 일 이겨내자고 부탁

— 작년 7월 대검 수사 심의회는 당신에 대한 '수사 중단' 권고 결정을 내렸습니다. 그때 '억울하게 감옥 가도 이겨내겠다'고 호소했었죠?

"당시 전방위 공작에 당해 감옥 갈 수도 있겠다고 생각했어요. 그렇게 되더라도 상식이 통하지 않는 시간들을 기록에 남겨두자는 거였습니다. 가족들에게도 험한 일 생길 수 있는데 같이 이겨내자고 부탁했죠. 거짓 선동에 맞서서 대한민국 시스템의 틀 안에서 싸워도 이길 수 있다는 것을 보여 주자는 책임감 같은 게 있었습니다."

— 채널A 기자가 녹음한 '부산 녹취록'이 공개되면서 당신이 추미애 전 장관을 '일개 장관'이라 부르고 비판한 게 화제가 됐는데.

"공적 인물의 명백한 잘못에 대해 그 정도 비판도 못 한다면 민주주의가 아니죠."

— 이번 인사도 물을 먹었는데 억울한가요.

"세상에 억울한 사람들이 참 많고 저는 지금까지 운이 좋아 억울한 일 안 당하고 살아왔습니다. 역사를 보면, 옳은 일 하다가 험한 일 당할 수도 있는 건데요, 그렇다고 저같이 사회에서 혜택받고 살아온 사람이 억울하다고 징징대면 구차합니다. 상식과 정의는 공짜가 아니니 감당할 일이죠."

— '조국 수사'의 보복이라고 보나요.

"그 수사에 관여하지 않았어도 이런 일들이 있었을까요. 그것 때문이라고 생각합니다."

— 과잉 수사였다는 지적도 있는데.

"설명 안 되는 의혹들이 워낙 많았고, 관련자들이 말을 맞춰 거짓말을 하거나 해외 도피까지 한 상황이라 집중적 수사가 필요했던 겁니다. 예를 들어, 입시 비리나 펀드 비리 같은 건들만 봐도, 그 정도 사실이 드러나면 보통 사람들은 사실 자체는 인정하되 유리한 사정을 설명하는 식으로 방어합니다. 그런데 오히려 음모론을 동원해 더 적극적으로 사실 자체를 부정했으니 압수 수색 같은 수사가 더 필요했던 거죠."

— 여권은 사소한 문제를 부풀렸다고 합니다.

"자본시장의 투명성, 학교 운영의 투명성, 고위 공직자의 청렴성과 정직성, 입시의 공정성, 그리고 사법 방해. 어느 하나도 사소하지 않습니다. 누구에게나 있는 문제도 아니죠."

— 출세시켜 준 정부를 배신했다는 공격도 있었죠.

"권력이 물라는 것만 물어다 주는 사냥개를 원했다면 저를 쓰지 말았어야죠. 그분들이 환호하던 전직 대통령들과 대기업들 수사 때나, 욕하던 조국 수사 때나, 저는 똑같이 할 일 한 거고 변한 게 없습니다."

— 여권에선 윤 총장이나 당신이 정치적 목적으로 '정권 수사'를 했다고 의심합니다.

"윤 총장이나 저나 눈 한번 질끈 감고 조국 수사 덮었다면 계속 꽃길이었을 겁니다. 권력의 속성상 그 수사로 제 검사 경력도 끝날 거라는 거 모르지 않았습니다. 그 사건 하나 덮어 버리는 게 개인이나 검찰의 이익에 맞는, 아주 쉬운 계산 아닌가요. 그렇지만 그냥 할 일이니까 한 겁니다. 직업윤리죠."

— '선출된 권력에 대한 검찰의 저항'이라는 비판도 있습니다.

"그냥 틀리는 말입니다. 누구든 법을 지키지 않으면 법에 따라 처벌받을 수 있어야만 민주주의이고 법치주의입니다. 모든 헌법 교과서에 나오는 당연한 말이죠."

한 검사장은 전직 대통령 2명 외에도 전 대법원장, 삼성·현대차·SK 등 대기업 총수, 전·현직 판사, 청와대 출신 인사와 금융인 등 수많은 거물을 법정에 세웠다. 과잉 수사에 무리한 기소라는 비판이 여러 번 제기됐고 재판에 대한 심적·경제적 부담으로 고통을 호소하는 이들도 적지 않았다. 그에 대한 질문이 이어지자 대답 속도가 눈에 띄게 느려졌다.

— 수사하면서 공명심 같은 것은 없었나요.

"진영에 상관없이 강자의 불법에 더 엄정해야 한다는 그 기준에 따라 일했습니다. 그렇게 해도 약자에게 기울어진 운동장인 게 현실 세계니까요. 그러다 공격받는 건 감수해야죠. 물론, 제가 한 일들이 모두 다 정답은 아니었겠지만, 틀린 답을 낸 경우라면 제 능력이 부족해서지 공정이나 정의에 대한 의지가 부족해서는 아니었을 거라고 말할 수 있습니다."

— 경제 상황 고려하지 않고 기업 수사를 너무 가혹하게 하지 않았나요.

"저는 기업인이 대한민국 사회를 여기까지 발전하게 하는 데 대단히 중요한 역할을 했고, 앞으로도 꼭 그래야 하고, 깊이 존경받아야 한다고 생각합니다. 그런데 이 사회 발전의 원동력은 자유시장과 시장에서의 경쟁인데, 그 기초는 공정한 룰(rule)이 지켜질 것이라는 믿음입니다. 심각한 불법이 드러난 이상, 그게 누구라도 똑같은 룰이 적용되어야만 그런 믿음이 가능합니다."

국민에 충성할 뿐, 검찰 사랑하지 않는다

— 이명박·박근혜 정부와 현 정부의 적폐 수사를 다 해 봤는데 차이점은?

"그런 비교가 제 몫은 아니지만, 과거에는 '사실이면 잘못'이라는 전제 하에 혐의를 부인하는 경우가 많았는데, 최근에는 사실이라 해도 뭐가 문제냐는 주장을 하는 경우가 많은 것 같습니다."

— 여권은 월성 원전 조기 폐쇄가 정책에 대한 것이니 수사 대상이 안 된다고 하는데.

"정책도 헌법과 법률을 지키면서 집행되어야 한다고 생각합니다."

— 김학의 불법 출금 수사는 어떤가요.

"지탄받는 악인을 응징할 때에도 절차적 정당성을 지키는지가 그 사회가 문명인지 아닌지를 가르는 기준이라 생각합니다."

주제가 '검찰 개혁'으로 넘어갔다. "당신은 검찰주의자냐"는 질문에 한 검사장은 "저는 검찰을 사랑하지 않아요. 의인화된 검찰 조직이란 허상입니다. 저한테 월급 주는 건 국민이고 거기 충성한다는 생각은 분명하지만, 검찰 조직이라는 허상에 충성할 생각은 예나 지금이나 없어요"라고 했다.

— 검찰 개혁에 찬성하는지. 검찰이 자성할 부분은 무엇인가요.

"대단히 찬성합니다. 그런데 진짜 검찰 개혁은 살아있는 권력 비리라도 엄정하게 수사할 수 있는 시스템을 만드는 겁니다. 특별한 검사가 목숨 걸어야 하는 게 아니라, 보통의 검사가 직업 윤리적 용기를 내면 수사를 할 수 있는 시스템 말입니다. 당초 검찰 개혁 논의는 검찰이 살아있는 권력 비리를 눈치 보고 봐줘서 국민들이 실망했던 것에서 시작된 거 아닌가요? 그 부분이야말로 검찰이 자성해야 할 부분입니다. 이 정부의 검찰 개혁은 반대 방향이라 안타깝습니다. 그 결과, 권력 비리 수사의 양과 질이 드라마틱하게 쪼그라들 겁니다.”

이대로면 약자·서민들이 착취당할 것

— 그게 일반 국민 삶에 무슨 영향을 미치죠? 검찰 권한을 지키기 위한 핑계로 들립니다.

“강자의 권력 비리가 드러났는데도 처벌받지 않는 것이 뉴 노멀(new normal)이 되는 순간, 부패는 공사(公私) 모든 영역으로 좀비(zombie)처럼 퍼져 나갈 겁니다. 가속도 붙을 거고요. 모든 영역에서 약자들과 서민들이 대놓고 착취당할 겁니다.”

— 여당이 검찰이 무소불위라며 부패·경제·선거 등 6대 범죄 수사권도 뺏겠다고 합니다.

“추미애 전 장관 같은 사람 한 명이 1년도 안 돼 완전히 무력화할 수 있는 검찰이 어떻게 무소불위인가요. 오히려 얼마나 정치 권력 앞에 취약한지 드러났죠. 권력 비리, 경제 비리, 기업형 조폭 수사에선 검찰이 어떤 기관보다 효율적인 시스템인데, 외압에 맞설 수 있는 법적·현실적 신분 보장 정도의 차이가 크기 때문이라고 봅니다.”

윤 총장, 가치를 공유하는 사이

— 당신은 '윤석열 측근'인가요.

“윤 총장은 훌륭한 검사고, 좋은 사람입니다. 그분이나 저나 공직자이고, 할 일 했던 것뿐입니다. 굳이 말하자면 가치를 공유하는지는 몰라도 이익을 공유하거나 맹종하는 사이는 아니니, 측근이라는 말이 맞는지도 모르겠네요."

— 윤 총장이 정치할 거라고 보나요.

"그건 지금 제가 말할 수 있는 부분이 아니네요."

— 당신이 노무현 재단 계좌를 추적했다고 주장하던 유시민 씨가 최근 공개 사과를 했죠. 법적 조치를 하겠다고 했는데.

"저뿐 아니라 유 씨의 거짓 선동에 1년 넘게 현혹당한 많은 국민이 피해자입니다. 그러니 어물쩍 넘어갈 수 없죠."

— 앞으로 계획은?

"검사 그만둘 때까지 지금까지처럼 살겠죠. 손해 보더라도 상식과 정의의 편에 서야 한다는 다짐은 늘 합니다. 20년 동안 수사마다 그걸 지키는 게 쉽지는 않았는데 운 좋게도 그때마다 주위에 좋은 수사관들, 실무관들, 검사들이 있었어요. 윤 총장도 그런 분입니다."

한동훈
법무부장관 취임사

I

법무부 동료 공직자 여러분, 반갑습니다. 어려운 상황 속에서도 최선을 다해 온 여러분께 감사드립니다. 3만 3,400여 분의 법무부 동료 공직자 여러분과 함께, 새 정부 첫 번째 법무부장관으로 일하게 되어 저는 기쁩니다. 국민들께서 부동산, 물가, 코로나 등으로 어려움을 겪고 계신 지금, 저는 국민께 힘이 되고, 위로가 되는 법치 행정을 해야 한다는 책임감을 느낍니다.

II

법무부는 대한민국 건국 이래 명칭이 한 번도 변하지 않은 두 개 부처 중 하나입니다(나머지 하나는 국방부입니다). 저는 예전부터 그 사실이, 법무부라는 이 부처가 해야 할 일, 가야 할 방향이 그만큼 단순명료하다는 것을 보여주는 것으로 생각했습니다.

잘 아시다시피 법무부의 영문 명칭은 'Ministry of Justice'입니다. 잊지 맙시다. 법무부에 근무하는 우리는 항상 시스템 안에서 정의에 이르는 길을 찾아가야 합니다.

저는 법무 행정의 책임자로서 국민의 자유와 인권을 지키고, 정의와 법치주의를 굳건히 하기 위해 동료 여러분과 함께, 용기와 헌신으로 일하겠습니다. 그리고 그 과정에서 법무부 동료 공직자 여러분의 다양한 생각들, 정당한 소신을 뒷받침하는 버팀목이 되겠습니다.

III

법무부 동료 공직자 여러분, 저는 '정의와 상식의 법치'를 앞으로 법무부가 나가야 할 방향으로 제시하고자 합니다. 먼저, 국민의 인권을 보호하는 따뜻한 법무 행정을 펼쳐 나갑시다. 인권은 사회적 약자와 소수자를 포함한 모든 인간에게 정의와 존엄성이 보장되도록 하는 헌법상 최고 가치입니다. 인권 존중이라는 우리의 목표에는 타협이나 이견의 여지가 없습니다.

법무부는 특히 힘없고 소외된 국민을 따뜻하게 보호하는 든든한 울타리가 되어야 합니다. 법이 제대로 집행되지 못해 사회가 어지러워지면 그 피해는 특히 사회적 약자에게 곱절로 돌아가게 됩니다. 사회적 약자 보호를 위해 법률 지원을 강화하고, 범죄 피해자 치유를 위한 종합적 지원 체계를 함께 만들어 나갑시다. 서민 생활 안정을 위한 법제 개선에 힘쓰고, 인권 가치의 존중을 위해 국민 한 분 한 분의 목소리를 경청합시다.

둘째, 선진 법치 행정으로 대한민국의 미래 번영을 이끌어 나갑시다. 지금 대한민국은 복잡한 국제 정세와 경제 상황에서 포스트 코로나와 4차 산업혁명 시대를 준비해야 합니다. 세계와 경쟁하는 상황에서 글로벌 스탠더드에 맞는 법치 행정으로 대한민국의 미래 번영을 뒷받침해야 합니다. 범죄 예방·외국인 정책·교정·인권·법무·검찰 등 우리의 모든 업무 분야에서 국민들께서 세계적인 수준의 서비스를 누리실 수 있도록 함께 전력을 다합시다.

늘 잊지 맙시다. 우리는 국민의 피 같은 세금으로 월급 받는 사람들입니다. 국민들께 수준 높은 서비스로 몇 배로 돌려드려야 합니다. 법무 행정과 형사 사법 제도를 꼼꼼하고 세밀하게 연구·검토하여 국가 경쟁력 도약을 위한 기초가 되게 합시다.

이민청 설립 검토를 포함하여 이민 정책을 수준 높게 추진해 나갈 체제를 갖춰나갑시다. 그동안 우선적으로 살피지 못했던 교정 업무에서의 인적, 물적 열악함을 이번에는 획기적으로 함께 개선해 봅시다. 이밖에도 세계를 선도할 대한민국을 위해 우리 법무부가 어떤 일을 할 수 있을지 다 함께 고민해야 합니다.

셋째, 중립적이고 공정한 검찰을 만듭시다. 국민이 원하는 진짜 검찰 개혁, 진짜 형사 사법 시스템 개혁은 사회적 강자에 대해서도 엄정하게 수사할 수 있는 공정한 시스템을 만드는 것입니다. 지금 이 지구상에는 그럴 수 있는 나라가 있고, 그럴 수 없는 나라가 있습니다만(사실 그럴 수 없는 나라가 더 많을 겁니다), 대한민국은 그럴 수 있는 나라여야만 합니다. 왜냐하면 대한민국 국민은 짧은 시간에 민주화와 산업화를 동시에 이룬 위대한 사람들이고, 그런 공정한 시스템을 가질 자격이 충분한 사람들이기 때문입니다.

이제 저와 함께 중대 범죄에 대한 대응 공백을 최소화하고, 형사 사법 체계를 바로 세우도록 최선을 다해 봅시다. 검찰의 정치적 중립성과 공정성을 높이고, 실력 있는 검·경이 견제와 균형의 시스템을 갖추도록 노력합시다. 이 나라 대한민국에서 검찰의 일은 국민을 범죄로부터 보호하는 것이며, 할 일 제대로 하는 검찰을 두려워할 사람은 오직 범죄자뿐입니다. 물론, 인권과 절차를 지키는 것은 기본 중의 기본입니다. 국민을 바라보고 할 일을 제대로 합시다.

넷째, 자유민주주의와 시장경제 질서를 지키고 국민들께서 안전하고 평화로운 삶을 누리도록 도웁시다. 자유민주주의와 시장경제는 헌법이 국민들께 약속한 이 나라의 근본입니다. 자유로운 경쟁은 이 사회 발전의 엔진으로서 적극 장려되어야 하지만, 동시에 경쟁에 참여하기를 원치 않는 사람들과 경쟁에서 뒤처진 사람들도 행복하게 살 수 있도록 보장되어야 합니다.

저는 그 두 가지 지향점이 우열 없이 공존해야 한다고 생각합니다. 우리 법무부도 그 조화를 이 나라 사법 시스템 안에서 뒷받침해야 합니다. 그리고 국민들께서 안심하며 살 수 있는 사회를 만드는 것은 국가의 가장 기본적인 책무입니다. 밤길 다니기 겁나는 사회, 조폭이 설치는 사회, 서민들이 피해를 당하고도 그냥 참고 넘어가기를 선택하는 사회가 되어서는 안 됩니다. 그러기 위해 법무부가 모든 힘을 다해야 합니다.

우선 당장 서민을 울리는 경제 범죄 실태에 대해 시급히 점검하고 발빠르게 대처해야 합니다. 저는 오늘 즉시 증권범죄합동수사단을 다시 출범시키는 것으로 그 첫발을 떼겠습니다. 서민 다중에게 피해를 주는 범법자들은 지은 죄에 맞는 책임을 지게 될 것입니다. 다시 룰이 지켜질 것이라는 믿음을 시장 참여자들에게 줄 것입니다.

앞으로 국민들께서 안심할 수 있도록 범죄 예방을 위한 그동안의 정책 전반을 재검토하고, 전자 감독제를 세계 최고 수준으로 운영해 나갑시다. 법무·검찰은 범죄 피해자를 위해 법에 따라 범죄와 싸우는 공직자라는 사실을 기억해 주시기 바랍니다. 우리가 해야 할 일들이 참 많습니다.

IV

법무부 동료 공직자 여러분, 저는 다시 한번 정의와 상식을 바탕으로 국민께 힘이 되고 위로가 되는 법무 행정을 위해 최선을 다하겠다는 약속을 드립니다. 그 약속에 동료 공직자 여러분들이 함께해 주시기를 부탁드립니다. 저는 현장에서 치열하게 경험한 동료 여러분의 의견을 존중하겠습니다. 또한 소신을 가지고 정당한 업무 수행을 한 공직자를 부당한 외풍으로부터 지키겠습니다. 그것은 동료 여러분께서 저에게 해 주신 일이기도 합니다. 이제 국민만 바라보고 우리 함께 일합시다. 동료 여러분과 여러분 가정에 항상 건강과 행복이 가득하기를 기원합니다.

감사합니다.

훈풍이 분다

제60회 법의 날 기념사

I

법무부장관입니다. 존경하는 국민 여러분! 그리고 함께 해 주신 내외 귀빈 여러분! 오늘 제60회를 맞은 '법의 날'에 자유를 보장하고, 정의를 실현하는 법(法)의 의미와 가치를 되새기는 기회를 가지게 된 것에 대해 매우 뜻깊게 생각합니다.

먼저 우리 사회의 법치주의 실현과 인권 보장을 위해 헌신해 오신 모든 분들께 깊은 감사를 드립니다. 또한 오늘 법치주의 발전에 기여하신 공로로 영예로운 훈장과 표창을 받으신 수상자 여러분과 가족분들께 축하의 말씀을 드립니다.

II

해방 이후 우리 국민은 자유민주국가를 세우고, 전쟁과 가난을 극복하며 단기간에 산업화와 민주화를 함께 이뤄냈습니다. 아시다시피 같은 조건에서 이런 성취를 이룬 나라는 찾아보기 어렵습니다. 이제 우리나라는 미래 기술을 선도하는 국가로서, 성장과 도약의 역사를 새로 써가고 있습니다.

문화 예술 분야에서도 대한민국은 세계인의 마음을 사로잡는 매력적인 콘텐츠를 가진 국가로 발돋움하고 있습니다. 이와 같은 우리나라의 비약적인 정치·경제·문화적 성장에 든든한 버팀목이 되어 온 것이 바로 법치(法治)입니다.

III

건국 이래 우리나라 헌법의 기본이념인 법치주의는 1987년 개헌 이후 법률의 내용도 자연법과 정의에 부합해야 한다는 실질적 법치주의로 한 걸음 더 발전하고 있습니다.

그러나, 우리 사회에는 법 위에 군림하려는 특권적인 행태나 '법을 지키면 손해', '법은 불공정하다'라는 인식이 여전히 남아있는 것이 사실입니다. 오직 이익만을 좇아 생명과 인권을 유린하는 충격적인 사건들도 끊이지 않고 있습니다.

글로벌 경기 침체와 저성장 등으로 심화되는 양극화는 사회적 갈등과 반목을 더욱 깊게 하고 있습니다. 지정학적 갈등과 전쟁, 대량 살상 무기, 팬데믹, 기후 위기 등은 전 지구적으로 자유를 위협하고 있습니다.

이러한 국내외적 난관을 극복하고, 모든 국민이 인간으로서의 존엄을 지키며, 자유롭고 평등하게 행복을 추구할 수 있도록 하기 위해서는 법치주의를 더욱 굳건히 지키고 발전시켜 나가는 것이 중요합니다.

IV

오늘 법의 날을 맞아 법무부가 법치주의 확립을 위하여 추진 중인 과제들을 말씀드리고자 합니다.

먼저 범죄로부터 안전한 나라를 만드는 데 최우선의 정책 목표를 두겠습니다. 국민의 안전, 특히 범죄로부터의 안전은 모든 국민이 행복을 추구하기 위한 필수적인 전제 조건입니다. 정부는 국민의 생명과 안전을 위협하는 범죄를 엄단하겠습니다. 최근 마약 확산을 막기 위해 범정부적 협력을 강화하는 것도 그 일환입니다. 국민의 존엄과 일상을 망가뜨리는 범죄를 예방하는 시스템 정비에도 빈틈이 없도록 하겠습니다. 기득권과 집

단적 위력으로 법을 무력화하는 반법치 범죄, 공동체의 의사 결정 시스템과 신뢰를 깨뜨리는 부패와 가짜 뉴스에 대하여는 법에 따라 단호하게 대응하겠습니다.

둘째, 사회적 약자의 권리와 인권을 보호하겠습니다. 여성, 아동, 범죄 피해자, 이주민, 북한이탈주민 등 우리 사회에서 보다 세심한 보호가 필요한 사회적 약자들의 권익을 챙기겠습니다. 소송 절차에서 아동의 권리를 강화하고, 범죄 피해자의 아픔을 보듬을 수 있는 맞춤형 원스톱 지원 체계를 구축하겠습니다. 인권 사각지대의 실태도 섬세하게 살펴 모든 국민의 인권이 실질적으로 보장받도록 고치고 개선해 나가겠습니다.

셋째, 지속 가능한 미래 번영을 이끌 법제도 인프라를 구축하겠습니다. 창의와 혁신의 토대인 기업가 정신이 위축되는 일이 없도록 기업 활동을 제약하는 법률은 과감하게 개선하겠습니다. 백년대계로서의 이민 정책을 설계할 수 있도록 그 컨트롤타워인 가칭 '출입국·이민관리청'을 신설하겠습니다. AI, 블록체인, 디지털 등 변화하는 시대상을 적시에 담아낼 수 있도록 「민법」, 「상법」 등 기본법을 정비하겠습니다.

자유, 인권, 법치, 민주주의 등 보편적 가치의 확산, 세계 평화와 인류 공동의 번영을 위해 우리나라에 부여된 국제사회에서의 책임을 다해 나가겠습니다.

V

여러분! 우리가 소중하게 지켜야 할 '법치'라는 가치는 제도만으로 저절로 보장되지 않습니다. 이념·지역·세대 간 갈등이 첨예화하고, 분쟁과 분열이 심화되는 현대사회에서 법치가 제대로 실현되기 위해서는 무엇보다 법이 적법한 절차에 따라 올바르게 만들어지고, 집행되고, 해석·적용되어야 합니다. 그 바탕 위에서 '누구도 법 위에 있지 않고, 누구나 법 앞에 평등하다'는 법에 대한 신뢰가 세워지고, 법을 존중하는 준법정신이 싹틀 수 있을 것입니다.

이는 어느 한 기관이나 정부의 노력만으로 되는 것은 아닐 것입니다. 우리 모두가 각자의 영역에서 본분을 다하고, 법이 주는 의미와 그 중요성을 인식하고 실천할 때 비로소 완성될 것입니다. 법무부부터 최선을 다하겠습니다. 해야할 일을 제대로 하겠습니다.

끝으로, 오늘 영예로운 훈장과 표창을 받으신 수상자 여러분과 가족분들께 다시 한번 축하를 드립니다. 이 자리에 참석하신 모든 분들의 가정에 건강과 행복이 가득하시길 기원합니다.

감사합니다.

제46회 대한상의 제주포럼 강연
"경제성장 이끄는 법무행정과 기업의 역할"*

— 2023. 7. 15.

안녕하십니까? 법무부장관 한동훈입니다.

저는 국회에서 연설할 때 저한테 야유하는 것에 굉장히 익숙하거든요. 그런데 이렇게 저를 반겨주시는 걸 보니까 좀 어색하기도 한데요. 기분이 참 좋습니다.

대한상공회의소가 140년이 됐다는 얘기를 제가 아까 최태원 회장님께 들었습니다. 명실상부 우리나라 최고의 법정 단체이고 포럼입니다. 초대해주신 대한상공회의소의 최태원 회장님을 비롯한 여러분들께 감사드립니다. 고맙습니다.

저는 기업이나 경영, 경제 분야 전문가가 아닙니다. 여기 오신 수백 명 중에서 만약에 그거에 대해 아는 전문성의 수준을 순서를 매기면 저는 아마 제일 끝에 있을 겁니다. 당연하게도 여러분들께 어떤 가르침을 드릴 수 있는 위치에 있지도 않은데요. 오늘 저는 여러분들이 주시는 좋은 말씀 듣고 배우려고 왔습니다. 제주 바닷가이고, 토요일 오전이라는 모두 너그러운 시간과 장소니까요. '정부 각료 한 명이 이런 생각하는구나. 아, 쟤는 제주도를 얼마나 좋아하면 토요일 아침에 여기까지 왔겠나' 정도로 편하게 들어주시면 감사하겠습니다.

아까 제목을 말씀하셨는데 사실 그 제목은 미리 보낸 거고, 제가 드릴 말씀은 며칠 동안 생각한 거라서 좀 다릅니다. 괜찮으시겠죠?

*
출처: 법무부TV [100만 VIEW] 법무부장관이 말하는 경제 이야기(경제 성장 이끄는 법무 행정과 기업의 역할) | 법tv (https://youtu.be/k10ySy0PquA?si=48x0A0C-_sqBmUNA)

대한민국, 결정적 순간에 결정적 판단과 실천으로 발전

과거로 눈을 돌려보겠습니다. 우리나라는 예전에도 여러 위기를 맞았었지만, 국민들과 특히 기업인 여러분들의 용기와 헌신으로 위기를 극복하고 여기까지 왔습니다.

1960년 1인당 GNP가, GDP가 150달러였던 우리나라는 초고속 경제 성장을 거쳐서 1인당 GDP가 3만 달러가 넘는 선진국 대열에 합류했죠. 게다가 문화적으로도 대단히 매력적인 나라가 됐습니다. 마치 20세기 초에 '헐리우드 빨'을 받던 미국처럼 돼 가고 있는 것 같습니다.

제가 외국에 나가도 그걸 느끼게 됐어요. 우리나라는 2차 세계대전 이후 신생 독립국 가운데 민주화와 산업화를 동시에 이루어낸 거의 유일한 국가입니다. 저는 평소 대한민국 경제 발전이 가능했던 것은 여기 계신 기업인 여러분들의 도전과 혁신, 기업가 정신이 있었기 때문이라고 생각합니다.

사실 기업의 성장이 대한민국의 성장 그 자체였죠. 여기 계신 기업인들께 존경한다는 말씀을 드리지 않을 수 없습니다. 거기에 한 가지 더, 산업화 과정에서 고비마다 정부의 정책적 결정이 있었고, 그것이 대한민국 발전의 제도적 기반이 됐다고 생각합니다.

현실은 결코 질서 정연하지 않잖아요. 그 혼돈 속에서 그 시대 속에서 결정적인 순간에 결정적인 방향을 잡는 것은 대단히 어렵지만 그것이 국가의 흥망을 좌우한다고 생각합니다. 그게 정치와 정부의 역할이고 우리나라는 실제로 결정적인 순간에 결정적인 판단과 실천이 있어 왔습니다.

예를 들어보죠. 박정희 정부에서 중공업 정책, 의료보험 및 연금제도 도입이 있었습니다. 박정희 정부는 이를 통해 세계 최빈국 수준의 빈곤을 해결하고 복지 국가의 기초를 마련했습니다. 경부고속도로 등 사회간접자본을 과감하게 만들어 내고, 오늘날까지도 우리 주력 수출 산업인 중화공업을 육성해서 산업 구조를 고도화했죠.

또 노무현 정부의 한미 FTA 체결도 결정적 순간에 정부의 과감한 결단의 장면이었다고 생각합니다. 기억하시다시피 당시 한미 FTA 체결을 반대하는 의견도 참 많았습니다. 하지만 2012년 한미 FTA 발효 후에 10년이 지난 지금 한미 FTA는 우리나라를 세계 무역 순위 6위라는 무역 강국으로 만들었습니다.

이승만 정부의 농지 개혁은 대전환의 계기

이외에도 여러 가지 결정적인 정책들이 있었죠. 하지만 저는 오늘 1950년 이승만 정부의 농지 개혁에 대해서 얘기하겠습니다.

개인적으로 저는 1950년 농지 개혁이야말로 대한민국이 여기까지 오게 된 가장 결정적 장면 중 하나였다고 생각합니다. 물론 전적으로 이거 하나 때문만은 아니었더라도요. 만약 이게 없었다면 대한민국은 지금과 많이 다른 나라였을 거라고 생각합니다.

대한민국 정부가 1948년 8월 15일에 수립될 무렵, 우리나라는 압도적인 농업 국가였습니다. 무려 전 국민의 77%가 농민이었으니까요. 남한은 더더욱 그랬죠. 그러니까 자연스럽게 당시 우리나라가 직면했던 가장 큰 문제는 바로 농지 소유의 불균형과 소작농 문제였습니다. 우리나라 전체 농지 중 65%가 소작 농지였고 전체 농가의 86%가 소작농이었다는 통계도 있습니다. 농민, 즉 국민의 대부분이 소작농이었고 대지주가 토지를 독점하고 있었습니다. 사실 이건 우리만 그랬던 건 아니고요. 신생 농업 국가 모두가 마찬가지 상황이었죠.

이런 시대적 난제에 대해서 이승만 정부가 내놓은 답이 바로 농지 개혁이었습니다. 대지주들이 소유한 농지를 소작농들에게 유상으로 분배해서 대지주를 없앴고 국민 다수를 자영농으로 만드는 거였죠. 지금 생각해봐도 '현실적으로 그게 되겠어?' 싶은데 실제로 그렇게 됐습니다. 우리 모두

알다시피요.

이 농지 개혁으로 수백 년 동안 지배 계급이었던 지주 계층이 한순간에 소멸하게 됐습니다. 농업 국가에서 대지주, 대농장이 하루아침에 사라져 버린 겁니다. 그것도 폭동이나 소요 사태도 없이 평화적이고 합법적인 방식으로 말이죠. 게다가 우리 모두 알듯이 그때는 테러와 암살이 횡행하던 폭력의 시대였잖아요.

이후에 우리 역사에서 대주주와 소작농이 대립하고 갈등했다고 한번 가정해 보시죠. 농민 게릴라가 아직도 있는 라틴 게릴라들 라틴 아메리카 나라들처럼 말이죠. 필리핀이나 브라질 등 다른 나라와 비교해보면 우리나라의 농지 개혁이 얼마나 굉장하고 대단한 것이었는지 체감할 수 있습니다. 브라질 같은 나라는 대지주와 소작농 간의 갈등이 현재까지도 계속되고 있고 경제 발전을 가로막는 치명적인 한계로 작용하고 있습니다.

예전에 브라질의 룰라 대통령이 중앙일보와 인터뷰한 것을 본 적이 있습니다. 국토가 넓고 천연자원이 풍부한 브라질이 아직까지도 빈곤한 이유에 대해 룰라 대통령은 이렇게 말했습니다. 대한민국과 달리 농지 개혁에 실패했기 때문이라고요. 그는 1950년의 대한민국 농지 개혁을 높게 평가했습니다.

사실 제가 농지 개혁에 대해서 관심을 갖게 된 계기가 그때 그 기사를 보면서부터였어요. 농지 개혁은 이승만 대통령과 조봉암 농림부 장관이 설계하고 실행했습니다. 특히 이승만 대통령이 과거 공산주의 활동까지 했었던 조봉암 장관을 과감하게 중용해서 함께 농지 개혁을 이뤄냈다는 점은 이 결정적 장면을 더 빛나게 하는 거라고 생각합니다.

그리고 인촌 김성수의 역할이 있었긴 했습니다만 전통적인 대지주들이 지주 입장에서 도저히 수용하기 힘든, 한번 상상해 보시죠. 워낙에 헐값이기도 했지만 현금도 아닌 지가 증권, 즉, 국채로 땅을 사실상 강제로 가져가겠다는 것이었잖아요. 땅값은 오를 거고 신생 국가의 국채는 신뢰할 수도 없었는데도 말이죠. 지주들이 이런 파격적인 정부 정책을 수용한 것을 농지 개혁의 성공 원인으로 보는 시각도 있습니다.

일각에서는 당시 대주주들이 농지 개혁에 협력한 것을 두고 어쩔 수 없는 상황이었다고 폄훼하기도 합니다만, 농업 국가에서 대지주들이 신생 정부가 발행한, 믿을 수 없는 지가 증권을 받고 땅을 내준다는 거 아무나 할 수 있는 일 아니었다고 생각합니다. 우리와 비슷한 농지 개혁을 시도한 필리핀 같은 나라에서 대지주들이 어떻게 개혁에 저항하고, 아직까지도 건재한지를 한번 생각해봐 주시죠.

말이 나온 김에 이승만 정부가 농지 개혁에 성공한 비결을 알기 위해서 당시 농지 개혁 제도의 디테일을 한번 살펴보겠습니다. 악마는 디테일이 있다고 하잖아요. 여담입니다만, 여기 계신 기업인들이야말로 디테일의 장인들이시고 정부도 그걸 배워야 한다고 생각합니다.

당시 농지 개혁 방안의 핵심은, 디테일은, 낮은 매입 가격과 분할 상환에 있었습니다. 소작료가 당시에 50%에 달했는데 그 시절 1년 소출에 30%씩 5년만 납부하면 토지의 소유권을 완전히 취득할 수 있도록 한 제도였거든요. 이런 조건이니까 매입 권한을 포기할 만한 사람은 별로 없었죠. 원래 내던 소작료보다도 적게 5년만 내면 내 땅이 되는 건데 이걸 왜 포기하겠습니까? 농민들에게 매우 유리한 조건이었고 이런 조건 때문에 이 농지 개혁이 성공할 수 있었다고들 합니다. 농지 개혁은 6·25 전쟁 직전 대부분 마무리 됐는데요. 북한의 침략에 대한 대한민국과 자유민주주의를 수호하는 데도 결정적인 역할을 했다고들 합니다.

6·25 당시 북한의 부수상이었던 박건영은 '며칠 내로 대한민국의 농민과 좌익 세력이 북한군에 호응해서 폭동을 일으켜 줄 것'이라고 호언장담을 했었잖아요. 결국 그 말은 허언이 되었죠. 많은 사람이 그 원인이 농지 개혁 덕분이라고 얘기합니다. 대부분의 농민이 내 땅을 가지게 됐고, 내 땅을 가질 수 있는 것을 기대하게 된 상황에서 농민들이 주인 의식을 갖고 나라를 지키게 된 거죠. 아시다시피 그 결과 6·25 전쟁 과정에서 북한의 체제 선동은 별 효과를 보지도 못했고 북한군의 침략에 호응하는 대

규모 농민 봉기도 물론 없었습니다. 전쟁 이후에도 사유 재산을 부정하는 공산주의와의 체제 경쟁에서 민주주의가 지켜질 수 있었던 토대가 되었다고 저는 생각합니다.

농지 개혁으로 우리나라에서 대지주 계층이 소멸하게 되니까 농지 개혁으로 생긴 여백과 진공의 공간에 기업인들의 활동 무대가 열렸습니다. 토지를 잃은 기존의 대주주들은 물론 저렴하게 할인 유통되는 지가 증권을 이용해서 적산 기업의 생산 설비를 취득한 젊은 기업인들이 새로운 먹거리를 찾아 산업 자본을 형성하기 시작한 거죠.

광복 직후 우리나라 산업 구조를 보면 농업 등 1차 산업의 비중이 가장 높았지만, 농지 개혁 이후에는 1차 산업의 비중이 현저히 낮아지고 제조업, 공업, 서비스업 등으로 산업이 고도화된 것을 볼 수 있습니다. 실증적으로 봐도 농지 개혁이 우리나라 고도 산업화의 첫 발걸음이었다는 것이 입증됩니다.

이것까지 다 계산하고 만든 정책이었는지는 모르겠습니다만 결과가 분명히 그랬습니다. 정책은 선한 의도가 아니라 선한 결과가 중요한 거 아니겠습니까? 저는 이 농지 개혁이 '만석꾼의 나라'였던 대한민국을 이병철, 정주영, 구인회, 최종현 회장과 같은 여러분들의 선배 기업인들이자 대한민국의 영웅들이 혁신을 실현하고 마음껏 활약할 수 있는 '기업인의 나라'로 바꾸는 대전환의 계기가 됐다고 생각합니다.

농지 개혁은 장기 경제 성장의 토대

토지 분배와 경제 성장률의 관계를 알 수 있는 자료를 한번 보시겠습니다. 이 그래프는 2003년 세계은행에서 발간한 자료인데요. 저는 주대환 선생님이 쓰신 책을 읽다가 이 그래프를 처음 봤습니다. 보시기에 좀 복잡할 수도 있습니다만, 이 그래프를 보시면 1960년 기준으로 우리나라가 토지 분배에서 가장 평등한 나라였던 것이 확인됩니다. 대만, 일본 등 토지 개혁을 이루었던 나라들이 토지 분배에 있어서 불평등 지수가 낮은 것도 확인할 수 있죠.

이 그래프는 초기 토지 분배의 평등도와 장기 성장률의 관계를 보여주는데요. 이 두 지표가 거의 정비례 관계에 있다는 점을 실증적으로 보여주고 있습니다. 통계적으로도 실증적으로 봐도 대한민국 정부 수립 초기에 과감한 토지, 농지 개혁과 분배 정책이 우리나라 장기 경제 성장의 토대를 만든 백년대계가 된 겁니다.

반대로 농지 개혁이 실패해서 여전히 대지주 위주의 농장 경제, 대농장 경제에 머무른 나라들은 경제 성장에 실패했죠. 페루, 아르헨티나, 과테말라, 파라과이 등 중남미 국가를 비롯해서 토지의 소유가 대지주에 집중된 국가들은 40년 동안 거의 성장하지 못했거나 마이너스 성장을 한 걸 알 수 있습니다. 물론 이런 오랜 역사를 하나의 통계로 설명할 수는 없겠습니다만 의미 있는 지표인 점은 분명한 것 같습니다.

광복 직후 우리는 공산주의와 민주주의의 대립 등 내부적 혼란뿐만 아니라 6·25 전쟁까지 수많은 어려움을 겪었잖아요. 그럼에도 정부는 과감한 제도 개혁으로 사회와 경제 발전을 위한 제도 인프라를 구축하는 데 성공했다고 생각합니다. 당시 이승만 대통령과 조봉암 장관의 박력 있고 정교한 리더십이 국민의 이해와 지지를 만난 것이라고 생각합니다. 그런 지점에서 나라가 발전할 수 있다고 저는 생각합니다. 이런 농지 개혁처럼 지금의 우리 정부도 제도를 개혁하고 사회 구조를 개혁해서 국민 여러분들이 행복한 삶을 누릴 수 있도록 하는 토대를 만들고, 바로 여러분들 같은 기업인들이 자유롭게 창의와 혁신을 펼칠 수 있는 토대를 만들어야 한다고 생각합니다.

거기에 대해 기업인들을 시장 외부의 부당한 공격으로부터 단호하게 보호하고, 시장 내부의 룰이 반드시 지켜지게 하는 것이 정부 정책의 핵심일 겁니다. 우리 정부는 그 부분에 중점을 두고 열심히 하겠다는 생각을 갖고 있습니다. 우리 정부가 공정한 경쟁을 통한 시장 경제 활성화를 국정 과제의 첫 번째 목표로 두고 있는 이유도 여기 있습니다. 이것이 우리 정부의 의지이고, 저도 같이 생각합니다.

지금까지 1950년 농지 개혁에 대한 생각을 좀 길게 말씀드렸습니다만 다 아시는 얘기일 수도 있을 것 같습니다. 결정적인 순간에 정부의 결정적인 올바른 정책적 결정이 번영에 토대를 마련했다는 생각을 하면서 정부의 중요한 임무를 맡고 있는 사람으로서 책임감을 느낍니다.

도전의 전장

이제 70년이 지난 2023년의 얘기를 해볼까 합니다. 지금 여러분들이 더 잘 아시겠습니다만 우리나라는 어려운 도전들과 맞서고 있잖아요. 여기 계신 기업인들께서 그 전장에서 고군분투하고 계시는 것에 대해 감사드립니다.

경제 지표상으로는 고물가, 고금리, 고환율이라는 복합 위기를 겪고 있고, 인구 감소나 기후 변화, 코로나 같은 문제로 지속 가능한 성장이 가능할 건지 의문을 제기하는 분들도 있죠. EU 등에서 기업에 대한 인권과 환경 기준을 높여가고 있고요. 특히, 최근 미·중 관계에서 보듯이 경제와 안보가 융합되는 경제 안보 시대에는 정부와 기업이 국제관계까지 섬세하게 고려해야 하는 상황이 됐습니다. 정부 따로, 기업 따로가 불가능한 시대가 됐죠. 지금 부산 엑스포를 위해서 우리 최태원 회장님께서 다리가 아프신데도 열심히 뛰시는 것처럼요.

이를 위해 정부와 민간 모두의 노력이 중요하겠지만 특히 정부의 입장에서는 미래를 예측하고 민간의 기업활동과 경제활동을 적시에 지원할 수 있는 제도와 인프라를 준비하는 것이 무엇보다 중요할 겁니다. 1950년의 놀라운 농지 개혁이 그랬던 것처럼요.

훈풍이 분다

인구 감소 문제에 대한 대책 마련해야

저는 가장 시급하게 대비하고 해결 방안을 모색해야 하는 것이 인구 문제라고 생각합니다.

지금 이 지도는 소멸 고위험 지자체에 해당하는 시·군·구 지역을 표시한 겁니다. 지금은 일부 지역에만 해당됩니다만 2047년이 되면 지금 바로 이곳 제주 서귀포시를 포함해서 전국 대부분의 지방 도시가 소멸 고위험 지역에 들어간다고 합니다. 저출산·고령화는 인구를 감소시키고 그 결과 노동력 부족을 야기하며 수요와 소비 감소로 우리 경제와 사회 전 분야에 굉장한 파급 효과를 가져올 겁니다. 여러분들 모두 걱정하다시피요.

이건 서울대학교 인구정책연구센터의 자료인데요. 2021년과 2100년 우리나라 인구 추이의 추계를 보여주는데요. 2100년이 되면 저출산으로 인해서 총인구가 2,000만 명 이하로 줄어들 뿐 아니라 15세~64세 생산 가능 인구보다 노인층이 더 큰 비중을 차지하게 될 겁니다. 순수 한국인의 인구 구조가 이렇게 될 거라는 거, 이미 바꿀 수 없는 미래입니다.

산술 계산상으로도 이걸 바꿀 수는 없을 겁니다. 내국인의 자체 출산율 증가만으로 이 추세가 바뀌기는 이미 늦었기 때문입니다. 결국 이대로 두면 우리나라는 지속적으로 발전하기 어렵습니다. 아니 대한민국이란 나라의 존속 자체가 위협받게 될 겁니다.

우리나라에서 영업하고, 우리나라 사람들을 직원으로 고용하며, 우리나라 자본시장과 금융시장에서 자금을 조달하는 여러분께 특히 심각한 상황일 것 같습니다. 더 체감하실 거고요. 제가 오늘 이 자리에서 이 문제를 강조해서 말씀드리는 이유이기도 합니다. 이런 이유, 인구 감소와 저출산·고령화 문제에 대해서 어떻게 대응해야 되겠습니까? 어떤 준비를 해야 될까요? 답하기 쉽지 않은 문제입니다.

제가 올 초에 이민 선진국이라는 나라들의 정책 책임자들을 직접 찾아가서 정답이 뭔지를 한번 물어봤습니다. 사실은 지구상 어떤 나라도, 그 누구도 지금 시점에서 정답을 모릅니다. 스스로 성공했다고 생각하는 나라조차 없더라고요. 그럼에도 우리는 지금 답을 준비해야 합니다. 역사는 가르쳐 주고 있지 않습니까? 아직 우리는 안전하다고 믿는 순간 진짜 위험에 처한다는 것을 말입니다. 우리가 70년이 지난 지금 1950년 농지 개혁이 정답이었다고 말할 수 있듯이 10년 뒤, 50년 뒤, 70년 뒤 돌아봤을 때 지금 우리가 2023년에 정답을 냈었다고 말할 수 있기를 바랍니다.

내국인의 출산율을 높이기 위해서 정부가 여러 가지 정책을 하고 있잖아요. 지속적으로 노력해야 하는 건 당연합니다. 최선을 다해야 하고 최선을 다할 겁니다. 그러나 이런 출산율 회복 정책만으로는 한계가 명확합니다. 출산율 감소는 복합적이고 구조적인 문제입니다. 젊은 층을 탓할 문제도 아니죠. 게다가 이미 이렇게 인구수가 절대적으로 감소하는 상황에서 출산율이 좀 높아진다고 해서 다시 인구가 회복되지는 않을 겁니다.

계산상 명백합니다. 무엇보다 지금 다시 출산율이 드라마틱하게 높아진다고 해도 그렇게 태어난 아이들이 생산 가능 연령까지 되기까지는 최소 15년 이상이 걸리잖아요. 그러니까 내국인 출산율 증가만으로 인구 위기를 해결하기에는 이미 늦었습니다. 게다가 선진국의 출산율 감소는 전 세계적 추세이기 때문에 단편적인 노력으로 해결될 것인지 단언하기 어렵습니다. 해결한 나라도 없잖아요.

기업에서도 이런 인구 분석에 따라서 여러 가지 상품을 기획하시고 마케팅 전략을 수립하시는 것으로 저는 알고 있습니다. 누구보다도 기업인들이 이 현실과 문제의 본질을 잘 알고 계실 거라고 생각합니다.

출입국·이민 정책에서 답을 찾아야

저는 '출입국·이민 정책'에서 답을 찾아야 한다고 생각합니다. 이민에 대해 호감을 갖는지 반감을 갖는지와 별개로 사실 이 길 외에 다른 길이 없다는 것을 우리가 잘 알고 있지 않습니까? 다른 길이 있나요? 다른 길이 없다면 어차피 피할 수 없는 방향이라면 국익 차원에서 기획해서 강하게 그립을 쥐고 추진하자는 겁니다. 먼저 경험한 나라들의 경험과 우리 상상력을 결합하면 저는 잘할 수 있다고 생각합니다. 이미 우리나라는 농업, 일부 제조업 분야의 인력 상당 부분을 외국인 근로자에 의존하고 있지 않습니까? 이런 현상은 앞으로 심화될 수밖에 없습니다. 여기 계신 기업인들 회사에서도 외국인 근로자 상당수 근무하고 계실 겁니다.

제가 법무부장관으로서 기업인들에게 받는 민원 중 상당수는 그 제한을 풀어달라는 것이 반 이상입니다. 다른 한편으로는 단순 노무직 근로자 이외에 전문적인 지식과 기술을 갖추고 있는 유능한 외국인 인재들 확보하는 것도 더 중요해질 겁니다. 구글이나 이베이나 페이스북이나 링크드인, 테슬라 같은 회사들에는 두 가지 공통점이 있다고 합니다. 하나는 업계에 혁명을 가져왔다는 것이고요. 또 하나는 바로 창업자의 전부 또는 일부가 이민자 출신이라는 겁니다.

우리나라에서 성장하고 교육받은 많은 인재들이 외국으로 나가고 있는 실정이잖아요. 그걸 막기도 어렵고요. 이것을 막을 수 없다면 다른 외국의 우수한 인력이 우리나라에 들어올 수 있는 방안을 짜내야 합니다. 그리고 그 정책이 국가 정책 중 우선순위가 되어야 한다고 생각합니다.

미국 정책재단에 따르면 2016년에 미국에서 탄생한 유니콘 기업 87개 가운데 44개가 이민자가 창업한 회사라고 합니다. 우리도 외국인과 이민자를 경계 짓기보다, 사회와 경제 발전에 어떻게 활용할 것인지에 대해 진지하고 계획적으로 고민해야 하는 시점이라고 생각합니다. 출입국과 이민, 이주는 대한민국의 지속 가능한 발전을 위해서 반드시 해결해야 하는 문제입니다.

저는 작년 취임 초부터 출입국·이민 정책 개편을 준비하면서 독일, 프랑스, 네덜란드 등 이민 정책 선진국의 장관이나 이민청장 등 최고 책임자를 만나고 그 나라의 이민 정책을 분석해 봤습니다. 저의 분석 결과는 이랬습니다. 이민 정책에 성공했다고 단언할 수 있는 선진국은 없습니다. 그런데 이민 정책을 하지 않는 선진국도 없습니다. 지금까지 우리는 체계적인 이민 정책을 준비하지 않았습니다. 그게 현실이었습니다.

그런데 지금 우리가 맞이한 현실은 '출산율 0.78'입니다. 인구 자체가 작아지기 때문에 분모가 작아지니까 이 숫자가 조금 높아져서 착시 현상이 생길지는 모르겠습니다만 출산 장려만으로 인구 절벽을 극복하기는 늦었습니다. 이제 체계적인 출입국·이민 정책 없이 대한민국의 미래는 없다고 생각합니다.

그런데 늦지 않았습니다. 애써 긍정적인 면을 보자면 우리는 선진국의 각기 다른 실패담을 분석해서 지름길로 갈 수 있는 이점이 있습니다. 5년, 10년 뒤에는 분명히 외국인들의 자발적인 기여를 활용하면서 동시에 그로 인해 피해를 볼 수 있는 내국인들의 불안까지도 꼼꼼히 챙기는 나라가 세계를 선도하게 될 거라고 생각합니다.

저는 그게 우리나라가 되기를 정말로 바랍니다. 정말 이 시기를 놓치면 10년 뒤에 '왜 그때 너네 그런 거 안 했어?'라고 원망받고 후회하게 될 거라고 생각합니다. 더 늦기 전에 방향을 정하고 체계적으로 신속하게 추진할 필요가 있다는 점에 공감하실 거라 생각합니다.

기업 차원에서도 인력 문제 해결을 위해서 많은 준비를 하시는 것으로 알고 있습니다. 다만 앞서 말씀드린 농지 개혁 사례와 마찬가지로 공적 영역에서 정부가 좋은 제도를 만들고 인프라를 구축하는 것이 정부의 역할이고 이것이 반드시 필요하다고 생각합니다.

그런데 우리의 출입국·이민 정책이 그동안 어땠는지 간단하게 말씀드리면 여러 부처로 분산되어 있었거든요. 그 영향을 정교하게 분석하고 책임 있게 답할 수 있는 기관이 없었습니다.

그런 관점에서 국익의 관점에서 출입국·이민 정책을 일관된 방향으로 추진할 수 있는 컨트롤타워를 만드는 것을 검토해 볼 필요가 있다고 생각합니다. 모두의 문제는 누구의 문제도 아닌 게 되잖아요. 지금까지 외국인 정책이 그랬습니다. 법무부가 출입구가 비자를 담당합니다. 노동부가 외국인의 노동을 담당합니다. 여가부가 다문화 가족을 담당합니다. 각기 자기 시각에서 담당하다 보니 정작 불편하고 중요한 거시적인 질문에는 누구도 책임지지 않고 답하지 않아도 되는 구조가 되어왔던 겁니다. 그러니까 지역별로 외국인들이 편중되어 있는 곳도 있고, 그분들이 어떤 일을 하는지 이런 부분도 계획되지 않았습니다.

출입국·이민 관리 정책을 책임질 컨트롤타워를 만든다는 것은, 잘못되면 비판받고 해결책을 제시해야 하는 기관이 생기는 겁니다. 10년 후 나라가 어떤 인구 구성을 갖게 될지, 그 대책이 뭔지를 매일매일 스트레스 받고 고민하고 동네북처럼 국민들께 혼나야 할 기관이 생기는 겁니다.

이미 많이 늦었습니다. 서구에 비해서 늦었다는 게 아니라요, 우리처럼 이주와 이민에 대해서 거부감이 있는 문화를 가진 일본, 중국, 대만에 비해서도 늦었습니다. 그런 나라들도 최근 수년 새 이민 정책의 컨트롤타워를 신설했습니다.

이렇게 출입국 컨트롤타워를 만들자는 것이 아무나 받아들이고 불법체류자를 허용하자는 얘기가 절대 아닙니다. 많이 받아들이지만 불법을 저지르는 사람들은 많이 내쫓자는 겁니다. 그 기준과 방향을 가지고 국민에게 설명하고 책임 있게 답할 수 있는 기관을 만들자는 얘기입니다.

실질적 외국인 노동력 대책(비자정책 등) 마련할 것

한편 이런 컨트롤타워 신설 같은 중장기적인 제도 개혁도 필요하지만 지금 당장 기업의 입장에서 실질적으로 도움이 되는 외국인 노동력 대책을 필요로 하신다는 것을 잘 알고 있습니다. 컨트롤타워가 없으니까 안 하겠다, 컨트롤타워를 만들 때 까지 미루겠다 그런 말 하겠다는 것이 아닙니다.

법무부는 비자 제도 개선을 통해 구인난 해소에 기여하고, 기업 경쟁력을 강화하고자 여러 정책을 발굴하여 집행하고 있는데요. 한 가지를 설명드리면 산업계가 숙련 기능 인력이 부족하잖아요. 용접공이 없어서 조선의 납기를 못 맞추는 상황이 현실 아닙니까? 저희는 E-7-4 숙련 기능 인력의 장기 취업 비자를 올해 3만5천 명으로 늘렸습니다. 문재인 정부 말기가 1천 명이었거든요. 35배를 늘리는 겁니다. 그러니까 패러다임을 전환하는 것이죠. 숫자를 깨작깨작 늘리는 방식으로 가겠다는 게 아니라.

 이런 함의가 있습니다. 지금 우리나라가, 여러분 전문가시니까 E-9으로 비숙련 노동자들이 들어오죠. 그런데 이분들이 10년이 지나면 무조건 돌아가야 되기 때문에 이분들이 어느 정도 되면 불법 체류가 되거나, 그리고 우리 기업에 로열티를 가지고 여기서 일하는 것 보다는, 얻을 수 있는 최대한의 돈을 벌어서 귀국을 원하는 구조잖아요. 저는 그 단계를 만들자는 겁니다.

 E-7-4는 잘 아시다시피 정주가 가능합니다. (체류) 기한이 없죠. 물론 우리가 내쫓을 수는 있습니다만, 그리고 가족 초청이 가능합니다. 사실 영주권 전 단계거든요. 그러니까 E-9(비전문 취업)으로 들어와서 여러분의 기업에서 근무하는 외국인 근로자들이 기업의 방침에 따라 열심히 일하고, 대한민국에 잘 적응할 경우 E-7-4로 승격할 수 있는 인센티브를 주겠다는 겁니다. 과거에 1천 명이었으면 손에 보이지 않는 겁니다. 앞으로 더 늘릴 겁니다. 그렇게 되면 3만 5천 명, 적은 숫자가 아니거든요.

 그 과정에서 기업이나 지자체의 의견을 듣겠습니다. 기업이 보기에 우리나라에 정주할 만하고, 우리나라에 기여하는 외국인 근로자라고 저희에게 추천해 주시면 저희가 E-7-4로 파격적인 전환을 하는 데 우선적으로 고려하겠습니다. 무슨 의미냐면, 저희가 E-7-4를 35배 늘렸다는 것은 그 E-7-4를 외국에서 그냥 데려오겠다는 취지가 아닙니다. E-9에서 전환하는 방향으로 가겠다는 거고, E-9에서 전환해서 생기는 슬롯만큼은 E-9으로 충원하게 될 겁니다.

훈풍이 분다

그러니까 이런 외국인이 '일단 들어오기만 하면 장땡' 그게 아닌 거죠. 와서 더 열심히 일하고, 대한민국에 자발적으로 기여할 경우 사실상 대한민국 국민으로 편입될 기회를 열어주겠다는 겁니다. 사실 외국에서 어떤 분들이 유용한지를 우리가 검증하는 것, 그게 만만치 않더라고요. 그거 누가 어떻게 검증하겠어요. 그 과정에서 브로커도 많고. 그렇지만 우리나라에서 상당 기간 근무하면서 여러분의 회사에서 근무한 사람 중에서는 옥석이 가려지지 않습니까? 그 의견을 듣고 반영할 통로를 만들겠다는 것이 저희가 이 숫자를 35배 늘린 것의 핵심입니다. 그냥 많이 늘리겠다는 의미가 아닌 거죠.

한마디로 말씀드리면 E-9 비숙련 근로자 중에서 한국에 자발적으로 기여하고, 지역사회에서 검증된 사람에게 가족을 초청하도록 하고, 기한의 한정이 없어서 안정적인 E-7-4로의 전환의 길을 열어줘서 불법 체류로의 이탈의 유혹을 떨쳐낼, 동기 부여를 할 수 있는 시스템을 만들겠다는 겁니다. 너무도 디테일한 말씀을 드렸나요? 하지만 악마는 디테일이 있지 않습니까? 저는 이거, 작용할 수 있을 거라고 생각합니다.

우리는 일단 들어오는 것만 생각했잖아요, 지금까지. 근데 들어온 사람들이 얼마나 대한민국에 동화되는지, 대한민국에 기여해서 줄 수 있는 인센티브에 대해 생각한 적이 없습니다. 내쫓는 것만 생각했죠. 근데 입장 바꿔 생각하면 10년 일했는데 가기 싫은 거 당연한 거 아닙니까? 뭐, 걸리기 전까지 열심히 일해서 돈 좀 더 벌면 좋겠죠. 그런데 대한민국 법을 지키고 열심히 일하면 진짜 파격적으로 한국인이 될 수 있는 길을 열어주는 셈이거든요. 이게 영주권은 아닙니다만, E-7-4에서도 한국에 기여하게 될 경우 역시 영주권의 길이 열려 있습니다.

누구처럼 '3억을 5년 갖다 놓으면 영주권 준다?' 이건 말이 안 됩니다. 그렇지만 대한민국에서 10년 동안 열심히 일한 사람들, 검증되고 대한민국에 봉사한 사람들에게 영주권 주는 거, 그게 왜 안 됩니까? 그런 사람들을 받아들여야 되는 거 아닙니까? 그 검증을 우리가 하자는 겁니다. 기업인들이 할 수 있고, 지역사회가 할 수 있게 그런 인센티브 구조를 만들겠다는 점을 말씀드립니다.

그리고 중장기적으로는 검증된 숙련 근로자나 고소득·이공계 인재 등에 대해 문호를 확대해야 하죠. 대한민국은 하이닉스의 나라고, 삼성전자의 나라 아닙니까? 왜 IT 인력이 안 들어오겠습니까? 제가 보기에는 예측 가능성이라고 생각합니다. 5년, 10년 뒤 과연 대한민국에 계속 내 가족과 살 수 있을 것인가, 그런 부분에 대한 예측 가능, 유능한 분, 검증된 분에 대해서는 파격적으로 드려야죠. 그 인재를 서로 쟁탈하는 전쟁이 이미 우리 경쟁국 사이에 이루어지고 있지 않습니까? 지금까지는 아주 우수한 IT 인력과 일반적인 비숙련 노동자의 트랙이 같습니다. 이렇게 되면, 아, 저라도 안 올 것 같은데요.

그렇지만 비자 정책은 평등이나 공정의 영역이 아니거든요. 국익의 영역입니다. 우리가 필요한 사람들을 위해서 파격적인 조치를 하는 것, 그게 부정부패가 아닌 한 얼마든지 할 수 있을 거고, 얼마든지 할 거란 말씀을 드립니다. 그리고 노동시장 및 이민 정책적 고려를 바탕으로 취업 비자의 총량을 사전에 공포해서 인력 조달 계획 수립의 예측 가능성을 높여드리려고 합니다. 저희가 발표하면 의견을 주십시오. 어떤 분야가 모자라면 말씀해 주십시오. 비자는 산수 문제 푸는 게 아닙니다. 우리나라가 잘 살고, 기업이 잘 되기 위한 거잖아요. 그러면 의견을 많이 주십시오. 왜냐하면 저희는 잘 모르거든요. 다만 잘하고, 잘하려는 선의와 그 마음이 저는 있습니다. 그러니까 알려 주십시오. 저희가 몰라서, 무능해서 놓치는 일이 없도록 해주시면 좋겠습니다.

국익을 위한 통합적 이민 정책 추진 및 한국어 능력 중시

그리고 주요 국가들의 사례를 보면, 이미 유입이 증가하면 내·외국인 간의 갈등이 사회적 문제가 되는 경우가 많이 있습니다. 어느 나라나 그랬죠. 그거는 첫 단추를 잘못 낀 면도 있습니다.

프랑스나 이런 나라들은 일단 노동의 관점에서 무조건 받아들이고 나서, 70년대에 그런 부분들이 쌓인 거가 지금 터지는 면이 있거든요. 자, 그러나 우리는 외국인 출입국 문제에서는 국익을 최우선으로, 그립을 강하게 잡고, 대단히 계산적으로 외국인 정책을 추진해야 한다고 생각합니다. 좀 냉정하게 말씀드리면, 외국인 정책, 출입국·외국인 정책은 인류애를 위한 것이 아닙니다. 우리의 국익과 우리 국민의 이익을 위한 이민 정책이어야 한다고 생각합니다. 법무부는 지방자치단체와 협력하고, 기업과 협력해서 외국인의 입국부터 정착까지 전 과정을 고려한 체계적인 통합 정책을 추진해 나갈 거라는 말씀드립니다.

한 가지 더 말씀드리면, 제가 외국에 들어갔었을 때 거기 있는 장관들에게 물어봤습니다. 우리가 지금 출발해서 외국인 정책을, 이민 정책을 하려고 하는데 한 가지만 얘기해 달라. 그랬더니, 독일도 그렇고 프랑스도 그렇고 네덜란드도 그렇고, 특히 네덜란드 장관은 이민 1세대거든요, 법무부장관이 이번에 실각했습니다만. 그런데 그분들이 자기들이 (이민 정책에) 성공했다고 생각을 안 하시더라고요. "굉장히 어려운 문제다."

그렇지만 지금 다시 제가 이렇게 물었습니다. 다시 돌아가서 제일 처음 외국인의 이민정책·이주정책을 할 때 뭘 고려하고 싶냐라고 물었습니다. 근데 공통적으로 이렇게 하시더라고요. "한국어를 중시하라는 말씀을 드립니다." 결국은 외국인들이 들어왔을 때 자기들끼리 모여 있고 그 문화를 유지하면서 돌아가면 결국은 통합은 이루어지지 않는다는 겁니다. 그러면 결국은 언어의 문제라는 거죠.

한국어 교육 그리고 한국어를 잘하는 분에 대해서 큰 가점과 인센티브를 부여하겠습니다. 그렇게 돼야 결과적으로 우리와 같이, 우리에 기여하면서 살 수 있다고 생각합니다. 그 점에 대해서, 그런 차원에서 저희가 베트남이나 이런 곳에, 최 회장님도 잘 아시지만, 한국어 학원들 많이 만들고 있지 않습니까? 그런 차원입니다. 와서 배운 것도 있지만 한국어를 잘하는 분이 들어온다, 용접을 잘하는 분 들어오는 것보다 더 낫다고 생각합니다. 용접? 여러분들이 가르쳐 주실 수 있지 않습니까? 거기서 딴 자격증만으로 바로 (현장에) 투입할 수 있는 것 아니잖아요. 그런 차원에서 저희가 디테일을 고려할 것이라는 말씀을 드립니다.

다시 말씀드리지만 기업인 여러분들께서, 결국은 전장에서 계시고 모든 걸 하시고, 주인공이지만 결국은 공적 영역에서 먼저 노력하고 해결해야 될 인프라의 문제를 해결해야 한다고 생각합니다. 저희는 그거 잘하고 싶습니다. 과거에 이승만 대통령과 조봉암 장관이 했던 농지 개혁과 같은, 혁신적이고 공공성 있는, 선의의 정책을 만들고 성공해내야 한다는 사명감을 갖고 있습니다.

맺음말

지금까지 농지 개혁 등 우리나라 근현대사 속에서의 제도 개혁 사례에 대해서, 그리고 우리가 당면한 인구 문제에 대해서 두서없이 제 생각을 말씀드렸습니다. 제목이 바뀐 거 보면 아시겠지만 제가 제목, 우리 스탭이 써온 거 보니까 너무 뭐 뻔한 얘기 같아 가지고 제가 며칠간 생각한 말씀을 드리는 겁니다. 별 의미 없이 여러분의 귀한 시간을 뺏은 것 같은 걱정도 됩니다.

농지 개혁과 산업화 정책이 5년, 10년, 50년 뒤에 우리나라 발전에 필요한 인프라를 마련한 것처럼 우리 정부도 인구 문제에 대해서 국가 백년대계 차원에서 충실히 대비하겠습니다. 기업인 여러분께서도 함께 지혜와 힘을 모아 주시기 바랍니다.

1961년에 쿠바 사태 당시에 아이젠하워가, 전직 대통령이었던 아이젠하워가 케네디에게 이런 조언을 했습니다.

"이런 종류의 일에 착수할 때에는 한 가지만 하시면 됩니다."

"반드시 성공해야 한다는 겁니다."

저희도 반드시 성공하겠습니다. 저는, 우리 체제와 헌법 정신에 대해서 이렇게 생각합니다. 선택권과 경쟁이 존재할 때 결국에 국민의 권익이 증진된다는 것이 우리 체제와 헌법 정신이라고 생각합니다. 공정한 시장이 기업의 혁신에 보상하고, 기업의 성장을 이끌지만 기업은 이 나라 일자리 창출에 책임을 다해야 하고, 법에 따라 근로자를 보호해야 한다고 하는 약속이 우리 체제와 헌법 정신이라고 저는 생각합니다.

우리나라는 정당한 부를 질시하지 않는 나라이고, 또 반드시 그래야 한다고 생각합니다. 저는 대한민국 기업인들의 혁신 능력과 국가에 대한 기여에 대해서 깊이 존경하는 마음을 가지고 있다고 고백합니다. 정부는 어떻게 하면 기업의 성공을 도울 수 있을 것인지 항상 고민해야 한다고 생각합니다. 저희는 그렇게 하겠습니다.

석기시대가 끝난 것이 돌이 부족해서가 아니었고, 청동기라는 혁신 때문에 된 것 아닙니까? 새로운 시대를 여는 혁신의 주인공이, 세계 혁신의 주인공이 대한민국의 기업인들이 되기를 정말로 바라고 응원하겠습니다.

경청해 주셔서 고맙습니다.

북한인권기록보존소 이전 현판식 인사말

— 2023. 8. 18.

I

여러분, 반갑습니다.

대한민국 법무부장관 한동훈입니다.

오늘 이 자리를 지켜봐 주시는 대한민국 국민들께 감사드립니다.

오늘 이 자리에 함께 해 뜻을 모아주신 김영호 통일부 장관님, 김건 외교부 한반도평화교섭본부장님, 이신화 북한인권국제협력대사님, 제임스 히난(James Heenan) 유엔 북한인권현장사무소장님께 감사의 말씀을 드립니다.

북한인권기록보존소가 용인 법무연수원 분원으로 옮겨져 사실상 방치된 지 5년 만에, 다시 이곳 법무부 과천정부청사에서 북한인권기록보존소 정상화를 위한 현판식을 개최하게 된 것을 뜻깊게 생각합니다.

II

북한인권기록보존소는 2016년 제정된 「북한인권법」에 따라 법무부에 설치된 기관입니다. 2016년 만들어질 때 여야의 합의로 만들어졌습니다.

그런데 5년 전 북한인권기록보존소는 용인의 법무연수원 분원 한 귀퉁이로 마치 안 쓰는 물건 안 보이게 치워버리듯 옮겨졌고, 홀대받고 방치되어 맡겨진 임무를 제대로 수행할 수 없었습니다. 사실 제가 2020년 법무연수원 용인 분원으로 두번째 좌천을 당했을 때, 제가 지내던 바로 옆 방이 그렇게 옮겨진 북한인권기록보존소였기 때문에 그 상황을 매일 봐서 알고 있습니다. 북한인권기록보존소에 맡겨진 임무의 중요성과 의미를 생각한다면 그런 식으로 북한인권기록보존소를 방치해서는 안 되는 일이었습니다. 오늘 여러분과 함께 바로잡고자 합니다.

III

여러분, 북한인권기록보존소의 임무는 무엇인가요. 북한인권기록보존소는 대한민국이 북한 인권을 신경 쓰고 있다는 자기 만족을 위한 상징물이나 우월한 체제의 선전물에 불과한 것인가요. 그렇지 않습니다.

첫째, 북한인권기록보존소는 북한 지역에서 범해진 인권 침해 범죄 행위를 나중에 대한민국 사법 시스템에 따라 형사처벌하기 위한 법적 증거를 모으고 보관하는 굉장히 실무적인 기관입니다. 북한에 사는 사람들의 참담한 인권 상황을 외면하고도 '우린 뭐라도 했어' 하면서 우리 마음의 평화를 얻기 위한 상징물이 아닙니다. 할 일이 구체적이고 현실 세계에서 성취 가능하죠. 이념적인 장식품도 아닙니다. 북한인권기록보존소가 지켜내려고 하는 인권은 보편적 인권이고 진영이나 이념을 따지지 않죠.

둘째, 북한인권기록보존소는 북한 지역에서 인권 침해 범죄 행위를 범하거나 범할 사람들에게 그런 인권 침해 범죄 행위가 나중에 국제법과 대한민국 법에 따라 형사처벌될 것이라는 경고의 메시지를 보내는 기관입니다. 결코 그냥 넘어가지 않을 거고, 여기에 법정에서 쓰일 증거가 쌓이고 있다는 메시지 말입니다. 역사의 법정이 아니라 현실 세계의 법정에서 말입니다.

역사에 가정은 없다지만, 지난 세기 나치나 일제의 인권 침해 가담자들이 나중에 뉘른베르크 재판이나 도쿄 재판이 열릴 거란걸 미리 예상했다면 나치나 일제의 인권 침해 피해의 정도가 줄었을지도 모릅니다.

어제 뉴욕에서는 6년 만에 북한 인권 상황을 의제로 유엔 안전보장이 사회 회의가 열렸고, 대다수 이사국들은 북한의 인권 침해 상황에 대한 북한 정권의 책임 규명에 모든 회원국들이 동참할 것을 촉구했습니다.

「로마 규정」이나 그 국내 이행 법률인 「국제형사범죄법」에 의하면 반인도 범죄(Crimes Against Humanity)에는 시효가 없습니다. 「북한인권기록보존소 운영규칙」에 따라 바로 이 북한인권기록보존소에서 북한 인권 침해의 증거들은 영구적으로 보존됩니다. 이제부터 다시 북한인권기록보존소가 할 일을 하겠습니다. 감사합니다.

법무부장관 퇴임사

— 2023.12.21.

저는 잘하고 싶었습니다. 동료시민들의 삶이 조금이나마 나아지게 하고 싶었습니다. 특히, 서민과 약자의 편에 서고 싶었습니다. 그리고 이 나라의 미래를 대비하고 싶었습니다.

제가 한 일 중 잘못되거나 부족한 부분은, 그건 저의 의지와 책임감이 부족하거나 타협해서가 아니라 저의 능력이 부족해서일 겁니다. 자신 있게 말씀드릴 수 있어요. 검사 일을 마치면서도 같은 말을 했는데 이번에도 그렇게 말씀드릴 수 있어서 다행입니다. 앞으로 제가 뭘 하든 그 일을 마칠 때 제가 똑같이 말할 수 있었으면 좋겠습니다.

제가 한 일 중 국민들께서 좋아하시고 공감해주시는 일들은 모두 여기, 그리고 전국에 계신 동료 공직자들의 공입니다. 시민의 한 사람으로서 국민과 함께, 사랑하는 법무부 동료 공직자들께 존경과 감사의 말씀을 드립니다. 추울 때도 더울 때도 고생하신 청사 여사님들과 방호관님들께도 고맙습니다. 마음으로 응원해 주신 동료시민들께 고맙습니다.

고백하건대 저는 여러분과 함께 일할 수 있어서 참 좋았습니다.

행운을 빕니다.

한동훈 국민의힘 비상대책위원장 수락 연설

— 2023.12.26.

국민의힘 비상대책위원장으로서 처음 인사드립니다.

반갑습니다. 한동훈입니다.

오늘은 첫날이니 저를 이 자리에 불러내 주신 국민의힘 동료 여러분들께 제가 어떤 생각으로 비상대책위원장의 일을 할지 말씀드리죠. 어릴 때 곤란하고 싫었던 게 "나중에 뭐가 되고 싶으냐, 장래 희망이 뭐냐"라는 학기 초마다 반복되던 질문이었습니다.

저는 정말 뭐가 되고 싶은 게 없었거든요. 대신 하고 싶은 게 참 많았습니다. 좋은 나라 만드는 데, 동료시민들의 삶을 좋게 만드는 데 도움이 되는 삶을 살고 싶었습니다. 지금까지 그 마음으로 살았고, 그리고 지금은 더욱 그 마음입니다.

운동권 특권 정치를 청산해야

중대 범죄가 법에 따라 처벌받는 걸 막는 것이 지상 목표인 다수당이 더욱 폭주하면서 이 나라의 현재와 미래를 망치는 것을 막아야 합니다. 그런 당을 숙주 삼아 수십 년간 386이 486, 586, 686 되도록 썼던 영수증 또 내밀며 대대손손 국민들 위에 군림하고 가르치려 드는 운동권 특권 정치를 청산해야 합니다.

이재명 대표의 민주당이, 운동권 특권 세력과 개딸 전체주의와 결탁해 자기가 살기 위해 나라를 망치는 것을 막아야 합니다. 정말 그런 세상이 와서 동료 시민들이 고통받는 걸 두고 보실 겁니까? 그건 미래와 동료 시민에 대한 책임감을 저버리는 일입니다.

우리가 반드시 이겨야 할 눈앞에 닥친 명분은 선명합니다. 우리는 소수당이고, 폭주하는 다수당을 상대해야 하는 지금의 정치 구도가 대단히 어려운 상황인 것은 맞습니다.

만주 벌판의 독립운동가들은 다부동 전투, 인천상륙작전, 연평해전의 영웅들은, 백사장 위에 조선소를 지었던 산업화의 선각자들은, 전국의 광장에서 민주화를 열망했던 학생들과 넥타이 부대들은, 어려운 상황이란 걸 알고도 물러서지 않았고 그래서 대한민국의 불멸의 역사가 되셨습니다. 공포는 반응이고, 용기는 결심입니다. 이대로 가면 지금의 이재명 민주당의 폭주와 전제를 막지 못할 수도 있다는, 상식적인 사람들이 맞이한 어려운 현실은 우리 모두 공포를 느낄 만합니다.

용기와 헌신이라는 무기를 다시 듭시다

그러니 우리가 용기 내기로 결심해야 합니다. 저는 용기 내기로 결심했습니다. 그렇게 용기 내기로 결심했다면, 헌신해야 합니다.

용기와 헌신, 대한민국의 영웅들이 어려움을 이겨낸 무기였습니다. 우리가 그 무기를 다시 듭시다. 우리는, 상식적인 많은 국민들을 대신해서, 이재명 대표의 민주당과, 그 뒤에 숨어 국민 위에 군림하려는 운동권 특권 세력과 싸울 겁니다. 호남에서, 영남에서, 충청에서, 강원에서, 제주에서, 경기에서, 서울에서 싸울 겁니다. 그리고 용기와 헌신으로 반드시 이길 겁니다.

저는 정교하고 박력 있는 리더십이 국민의 이해와 지지를 만날 때 나라가 발전하고, 국민의 삶이 좋아진다는 확신을 가지고 있습니다. 이재명 대표와 개딸 전체주의, 운동권 특권 세력의 폭주를 막는다는 것은 우리가 이겨야 할 절박한 이유이긴 하지만 그것만이 우리가 이겨야 할, 우리 정치와 리더십의 목표일 수는 없습니다. 산업화와 민주화를 동시에 이루어낸 위대한 대한민국과 동료 시민들은 그것보다 훨씬 나은 정치를 가질 자격이 있는 분들이기 때문입니다.

정부여당의 정책은 실천, 야당의 정책은 약속일 뿐

인구 재앙이라는 정해진 미래에 대비한 정교한 정책, 범죄와 재난으로부터 시민을 든든하게 보호하는 정책, 진영과 무관하게 서민과 약자를 돕는 정책, 안보, 경제, 기술이 융합하는 시대에 과학기술과 산업 혁신을 가속화하는 정책, 자본 시장이 민간의 자율과 창의, 경제 발전을 견인하게 하면서도 투자자 보호에 빈틈없는 정책, 넓고 깊은 한미 공조 등 세계 질서 속에 국익을 지키는 정책, 명분과 실리를 모두 갖는 원칙 있는 대북 정책, 기후 변화에 대한 균형 있는 대응 정책, 청년의 삶을 청년의 입장에서 나아지게 하는 정책, 어르신들을 공경하는 정책, 지역 경제를 부양하는 정책, 국민 모두의 생활의 편의를 개선하는 정책 등을 국민들께 보여드려야 합니다.

우리는 지금 비록 소수당이지만 대선에서 기적적으로 승리하여 대통령을 보유한, 정책의 집행을 맡은 정부 여당입니다. 정부 여당인 우리의 정책은 곧 실천이지만 야당인 민주당의 정책은 실천이 보장되지 않는 약속일 뿐입니다. 그건 굉장히 큰 차이죠. 그 차이를 십분 활용합시다. 정교하고 박력 있게 준비된 정책을 국민께 설명하고 즉각 실천해야 합니다. 그것이 국민들이 대선에서 우리를 뽑아주신 이유입니다.

훈풍이 분다

운동권 특권 정치를 청산하라는 강력한 시대 정신

상대가, 당대표가 일주일에 세 번, 네 번씩 중대 범죄로 형사 재판을 받는, 초현실적인 민주당인데도 왜 국민의힘이 압도하지 못하는지, 함께 냉정하게 반성합시다. 국민의힘이 잘해 왔고, 잘 하고 있는데도 억울하게 뒤지고 있는 거 아닙니다.

우리 이제 무기력 속에 안주하지 맙시다. 계산하고 몸사리지 맙시다. 국민들께서 합리적인 비판 하시면 미루지 말고 바로바로 반응하고 바꿉시다. 이제 정말 달라질 거라 약속드리고, 바로바로 보여드립시다.

운동권 특권 정치를 청산하라는 강력한 시대 정신은 우리가 운동권 특권 정치를 비판하는 것만으로는 실현될 수 없고, 바로 우리가 그 운동권 특권 정치를 대체할 실력과 자세를 갖춘 사람들이라고 공동체와 동료 시민들을 설득할 수 있을 때 비로소 실현될 수 있습니다.

최근 언론 보도나 정치인들 사이에 공개적으로 주고받는 말들을 통해 정치를 보면 정치가 게임과 다를 게 없는 것처럼 착각하기 쉽습니다.

마치 누가 이기는지가 전부인 것처럼 보이기 때문입니다. 그러나 게임과 달리 정치는 '누가 이기는지' 못지않게, '왜 이겨야 하는지'가 본질이기 때문에 그 둘은 전혀 다릅니다.

우리가 왜 이겨야 하는지 '이겼을 때 동료 시민과 이 나라가 어떻게 좋아지는지'에 대한 명분과 희망이 없다면 정치는 게임과 똑같거나 정치인의 출세 수단일 뿐이고, 정작 주권자 국민은 주인공이 아니라 입장료 내는 구경꾼으로 전락하게 될 겁니다.

분명히 말씀드립니다. 우리는 미래를 정교하게 준비하기 위해서, 이 위대한 나라와 동료 시민에 대한 책임을 다하기 위해서 이기려는 겁니다.

선민후사, '국민의힘'보다도 '국민'이 우선입니다.

정치인은 국민의 공복이지 국민 그 자체가 아닙니다. '국민의 대표이니 우리에게 잘해라'가 아니라 '국민의 공복이니 우리가 누구에게든 더 잘해야' 합니다. 무릎을 굽히고 낮은 자세로 국민만 바라봅시다. 정치인이나 진영의 이익보다 국민 먼저입니다.

선당후사라는 말 많이 하지만 저는 선당후사 안 해도 된다고 생각합니다. 대신 '선민후사'해야 합니다. 분명히 다짐합시다. '국민의힘'보다도 '국민'이 우선입니다.

오늘 국민의힘의 비상대책위원장으로서 정치를 시작하면서 저부터 '선민후사'를 실천하겠습니다. 어려운 상황에서 미래와 동료 시민에 대한 강한 책임감을 느끼기 때문입니다.

저는 지역구에 출마하지 않겠습니다. 비례로도 출마하지 않겠습니다, 오직 동료시민과 이 나라의 미래만 생각하면서 승리를 위해서 용기 있게 헌신하겠습니다. 저는 승리를 위해 뭐든지 다 할 것이지만, 제가 그 승리의 과실을 가져가지는 않겠습니다.

국민의힘은 자유민주주의 정당

대한민국 헌법은 자유민주주의를 기본으로 하고, 국민의힘은 바로 그 자유민주주의 정당입니다. 자유민주주의 국가는 절차적 민주주의를 지키면서 공정한 경쟁을 보장하고 경쟁의 문턱을 낮춰 경쟁에 참여하는 것을 권장해야 합니다. 그 과정에서 차별 없이 경쟁의 룰이 지켜질 거라는 확고한 믿음을 드려야 합니다.

동시에 경쟁에서 이기지 못한 사람들, 경쟁에 나서고 싶지 않은 사람들도 인간다운 삶을 살 수 있도록 철저하게 보장해야 합니다. 국민의힘은 자유민주주의에 대한 선의만 있다면 다양한 생각을 가진 사람들이 되도록 많이 모일 때 비로소 강해지고, 유능해지고, 그래서 국민의 삶이 나아지게 할 수 있는 정당입니다.

국민의힘은 다양한 생각을 가진, 국민께 헌신할, 신뢰할 수 있는, 실력 있는 분들을 국민들께서 선택하실 수 있게 하겠습니다. 공직을 방탄 수단으로 생각하지 않는 분들, 특권의식 없는 분들만을 국민들께 제시하겠습니다.

우선 우리 당은 국회의원 불체포특권을 포기하기로 약속하시는 분들만 공천할 것이고, 그럴 일은 없겠지만 나중에 약속을 어기는 분들은 즉시 출당 등 강력히 조치하겠습니다. 우리는 이재명 대표의 민주당과 달라야 하지 않겠습니까.

함께 가면 길이 됩니다.

여러분, 동료 시민과 공동체의 미래를 위한 빛나는 승리를 가져다줄 사람과 때를 기다리고 계십니까? 우리 모두가 바로 그 사람들이고, 지금이 바로 그때입니다.

함께 가면 길이 됩니다.

우리 한번 같이 가 봅시다. 고맙습니다.

관훈클럽 토론회
기조연설문

존경하는 동료시민 여러분, 언론인 여러분, 안녕하십니까.

국민의힘 비상대책위원장 한동훈입니다.

먼저, 오랜 역사와 전통을 가진 정론직필의 상징, 관훈클럽에 초청받은 것을 영광스럽게 생각합니다.

오늘로 제가 집권 여당인 국민의힘을 이끌게 된 지 한 달이 좀 넘었습니다만, 불과 두어 달 전까지만 하더라도 제 인생이 오늘처럼 되리라고는 상상도 못했습니다. 오늘 토론에 앞서 제가 어떤 마음으로 정치의 길에 나섰는지, 그리고 목련이 피는 4월 10일까지 어떤 일을 할지 등에 대해 말씀드리겠습니다.

비상대책위원장 수락 이유

지난 연말 제가 비상대책위원장으로 거론될 때, 저를 아는 모든 분들이 하나같이 "미쳤냐, 절대 수락하면 안 된다"고 했습니다. "정치권 만만한 곳 아니니 너만 소모될 거다"는 얘기였는데요. 사실 누구라도 그렇게 생각할 만한 상황이었고, 저도 그렇게 될 가능성이 아주 크다고 봤습니다. 한 달이 지난 지금도 그렇게 생각합니다. 제가 4월 10일 이후의 인생은 생각하지 않는다는 말을 했었는데요, 그 말은 백 퍼센트 진심입니다. 그 후의 인생은, 뭐, 그 후에 보겠습니다.

저는 이재명 대표의 민주당이 4월 총선에서 이겨서 개딸 전체주의와 운동권 특권 세력의 의회 독재를 강화하는 것이, 이 나라와 동료시민을

130   훈풍이 분다

정말 고통받게 할 것이라고 생각했습니다.

비상대책 위원장을 수락하면서 오로지 제가 비상대책위원장을 하는 것이 그걸 막는 데 도움이 되는지 아닌지만을 기준으로 결정했습니다. 민주당은 저보고 '어린놈'이라고 하지만, 제 나이 정도면 자기가 뭘 할 수 있을지 대충은 알죠. 저는 제가 국민의힘을 이끌면, 승리에 기여할 수 있을 거라는 확신이 있었고 그래서 그 길을 가보기로 결심했습니다.

저는 큰 결정은 과감하게 하려 합니다. 그냥 명분, 상식, 정의감 이런 기준으로요. 여기서 생각이 많아지면 사가 끼기 쉬운 것 같더라고요. 그 후 일하는 세부 과정에서는 하나하나 돌다리 두드리는 편이죠. 거꾸로가 되지 않으려 노력합니다. 저는 4월 10일까지 완전히 소진되도록, 할 수 있는 모든 것을 다 할 생각입니다.

국민의힘은 자유민주주의 정당

여기서 잠깐, 제가 생각하는 국민의힘의 지향점에 대해 말씀드려 보겠습니다. 대한민국 헌법은 자유민주주의를 기본으로 하고, 국민의힘은 바로 그 자유민주주의 정당입니다. 선택권과 경쟁이 존재할 때 시민의 권익이 증진되고 사회가 발전한다는 것이 저의 신념입니다.

국가는 공정한 경쟁을 보장하고 경쟁에 참여하는 것을 권장해야 합니다. 그 과정에서 경쟁의 룰이 지켜질 거라는 확고한 믿음을 줘야 합니다. 동시에 경쟁에서 이기지 못한 사람들, 그리고 경쟁에 나서고 싶지 않은 사람들도 인간다운 삶을 살 수 있도록 보장해야 합니다. 우리 국민의힘은 그런 철학과 기본방향을 가지고, 개별 이슈마다 정답을 찾을 것입니다.

우파 정당이든, 좌파 정당이든 중도 확장을 해야 한다는 전략을 말합니다. 그런데 모든 이슈에 대해서 일관되게 중간 위치의 입장을 갖는 사람이란 현실 세계에 존재하지 않습니다. 중도층이란 어떤 이슈에서는 오른

쪽 입장을, 어떤 이슈에서는 왼쪽 입장을 갖는 사람들, 주 평균 내면 대충 중간 정도의 수치가 나오는 분들을 말하는 것이죠.

그러니 이분들의 지지를 받기 위해서 기계적으로 중간 지점을 겨냥한 답을 내는 건 잘못된 판단입니다. 대신 개별 이슈마다 어느 쪽에서든 선명하고 유연하게 정답을 찾으려는 고려를 해야 한다고 생각합니다. 우리 국민의힘은 그렇게 할 겁니다.

국민의힘은 상식적이고 합리적인 우파정당

인혁당 사건 국가 배상에 대한 소위 빚고문 문제를 해결한 것은 우리 정부의 법무부였습니다. 국가 배상을 받은 사람이 판례 변경으로 받은 돈보다 더 큰 이자를 토해내야 하는 억울한 사안이었죠.

지난 민주당 정부는 거칠게 말해 자기 편임에도 불구하고, 책임지기 싫고 귀찮아서 불합리를 방치했죠. 저는 그건 명백히 억울함이 있는 사안이고, 국민의 억울함을 해결해 주는 데 진영 논리는 설 자리가 없다고 생각해서 여러 반대에도 불구하고 해결했습니다.

지난 민주당 정부는 그러다가 배임 책임을 질 수도 있다는 이유로 인혁당 관련자에 대한 빚 고문을 방치했지만, 저는 국민의 억울함을 해결하려는 게 죄가 되면 장관인 제가 처벌받겠다는 말로 관계자들을 설득했습니다. 군복무 중 순직한 고 흥정기 일병 사건에서 가족의 위자료 청구권을 인정해 주기 위한 국가배상법 개정 역시 같은 기준이었습니다. 국민의 억울함을 해결하는 데에는 네 편, 내 편, 정치적 유불리가 낄 자리가 없어야 하기 때문입니다.

저는 우리 국민의힘은 상식적이고 합리적인 우파 정당이지만 지금의 민주당보다 더 유연하고, 더 미래지향적이고, 더 실용적일뿐 아니라 어떤 면에서는 더 진보적이라고 생각합니다. 제가 이끄는 국민의힘은 책임감

훈풍이 분다

과 반응이라는 점에서 과거와 다를 것이고 이미 그렇게 변하고 있습니다.

집권 여당으로서 약속을 하면 반드시 실천하고, 허황된 말로 국민을 현혹하지 않을 겁니다. 그리고, 국민들께서 합리적인 비판하시고, 불편해하시면 시간 끌면서 뭉개고 미루지 않고 바로바로 반응할 겁니다. 속도감 있게 결정할 거고, 그렇게 결정하면 좌고우면하지 않고 실천할 겁니다. 국민의힘이 파이팅 있게 더 속도감 있게 달라졌다고 느끼시는 분들이 앞으로 더 많아질 겁니다.

국민의힘의 약속

국민의힘은 동료시민들의 일상 속 존재하는 격차를 해소하는 데 집중하겠습니다. 국민에 대한 강한 책임감을 바탕으로 교통, 안전, 문화, 치안, 건강, 경제, 의료 등 우리 사회 깊숙이 존재하는 다양한 영역에서의 불합리한 격차를 해소하고 줄이는 데 집중하겠습니다.

격차 해소는 거창한 이념이 아니라 현실입니다. 지역 간 이동에 불편을 주는 교통 격차, 국민의 생명과 건강을 보장하는 의료 격차, 어디에 살든 안전한 환경이 보장받는 치안 격차, 이런 것들은 국민의 일상에서 이뤄지는 현실 문제입니다. 격차 해소 공약들은 우리 당이 국민에 대한 무거운 책임감에서 비롯하는 것이며, 우리의 그 책임감이 국민의 삶에 변화를 만들어 낼 것입니다.

국민의힘은 국회의원 특권 내려놓기를 비롯한 정치 개혁을 반드시 해내겠습니다. 지금의 강한 진영 대결 양상 때문에 지금 각 당이 제시하는 정책들은, 각 당의 지지율에 거의 대부분 수렴하고 있습니다만, 국회의원 정수 축소, 세비 중위 소득화 같은 국민의힘의 정치 개혁에 대해서는 국민의 힘의 지지율을 훨씬 넘는 압도적인 지지가 확인되고 있습니다. 그만큼 진영을 초월한 국민적 요구가 있다고 생각합니다.

국민의힘은 불체포 특권 포기, 금고형 이상 확정시 세비 반납, 출판기념회를 통한 정치자금 수수 금지에 대한 서약을 공천 신청의 필수 조건으로 하였고, 귀책 사유로 인한 재보궐선거 무공천도 총선과 동시 치러지는 선거부터 이행하고 있습니다.

완전히 새로운 얘기들은 아님에도 국민들께서 큰 관심과 지지를 보여주시는 이유는, 과거 흐지부지되던 정치개혁 논의들과 달리 제가 이끄는 국민의힘은 이번에 진짜로 이걸 할 것이라는 것을 국민들께서 알아봐 주셨기 때문이라고 생각합니다.

정말 그렇습니다. 법 개정 없이 할 수 있는 것들은 이미 실천하고 있습니다. 동료시민들과 언론인들께 다시 한번 공개적으로 약속합니다. 이 정치 개혁 시리즈, 반드시 실천하겠습니다. 우리는 국회의원 특권 내려놓기를 말한 처음은 아니지만 그걸 실천한 처음이 되고 싶습니다. 낙타를 쓰러뜨린 마지막 봇짐을 얹은 사람이 되고 싶습니다.

마무리 인사

저는 정치를 시작하기 오래전부터 동료시민, 동료라는 말을 많이 써 왔는데요. 제가 말하는 동료 시민에서의 시민은 특정 지역의 주민을 말하는 게 아니라 자유롭고 평등하고 권리를 가진 주체, 즉, 개인을 말하는 거였습니다.

과거에 국가의 시대, 국민의 시대가 있었다면, 이제는 개인의 시대, 시민의 시대라고 생각합니다. 자유로운 시민이 창의와 혁신을 통해 공동체의 번영과 지속 가능성을 만들어 나가는 거죠. 그런 시민들 사이의 연대의식이야말로 성숙한 민주주의 사회를 지탱하는 것이라고 생각합니다.

이제 마무리하겠습니다. 민주당의 의회 독재가 계속됨에도 불구하고 국민의힘이 무기력한 모습만을 보여드린 점을 우리 국민의힘은 반성합

훈풍이 분다

니다. 속도감 있고 활력있는 정치로, 국민들께서 우리 당이 하는 말과 행동에, 정책과 싸움에 공감하시면서, 감정 이입을 하시면서 국민의힘의 정치를 국민의 정치, 나의 정치로 생각하실 수 있게 하겠습니다. 국민을 위해서 대신 싸우고, 국민이 처한 문제를 대신 해결하는 믿음직한 동반자가 되겠습니다.

목련이 피는 봄이 오면 국민들의 사랑을 받기를, 국민들의 선택을 받기를 고대합니다. 고맙습니다.

한동훈 주요 어록

2021년

2021.2.15.

조선일보 인터뷰, 법무연수원 연구위원 당시

"권력이 물라는 것만 물어다 주는 사냥개를 원했다면 저를 쓰지 말았어야죠. 그분들이 환호하던 전직 대통령들과 대기업들 수사 때나, 욕하던 조국 수사 때나, 저는 똑같이 할 일 한 거고 변한 게 없습니다."

"지탄받는 악인을 응징할 때도 절차적 정당성을 지키는지가 그 사회가 문명인지 아닌지를 가르는 기준이라 생각합니다."

2021.7.17.

민주언론시민연합의 공격에 대한 대응

"지금 민언련에는 이름과 달리 '민주'도 없고 '언론'도 없고 '시민'도 없고 권력의 요직을 꿰차는 막강 인재 풀로서 권력과의 연합만 있어 보인다." "민언련이 '검언 유착' 프레임을 만들기 위해 정권 관련자들과 어떤 공모를 했는지 이제 밝혀야 한다."

2021.11.9.

조국 수사 관련 한동훈 검사장 문화일보 인터뷰

"언제부터 우리나라가 범죄자들과 권력이 깐부 먹는 나라가 된 건가."

"나는 할 일, 할 말을 했을 뿐인데 그걸로 누군가에게 눈엣가시가 된다면 그 사람들이 두려워할 일이지 내가 두려워할 일이 아니다."

2022년

2022.1.27.

'유시민 전 노무현재단 이사장의 명예훼손 3차 공판' 증인 출석 전 인터뷰

"유시민 씨는 자기 스스로를 어용 지식인이라고 했습니다. 지식인의 사명이 약자의 편에서 권위와 권력을 비판하는 거죠. 그렇기 때문에 유시민 씨가 말하는 어용 지식인이라는 말은 마치 삼겹살 좋아하는 채식주의자라든지, 친일파 독립투사라는 말처럼 그 자체로 대단히 기만적입니다."

2022.4.15.

법무부장관 후보자로 청문회 준비 첫 출근길 인터뷰

"할 일을 제대로 하는 검찰을 두려워해야 할 것은 오직 범죄자뿐입니다. 이제는 지난 5년간 무슨 일이 있었길래 이렇게 명분 없는 야반도주극까지 벌여야 하는지 국민들이 많이 궁금해하실 것이라고 생각합니다."

2022.5월

법무부장관 인사청문회 서면 답변서

좌우명: 세상은 원자와 빈 공간뿐, 나머지는 의견이다.(그리스 철학자 데모크리토스 발언)

2022.5.17.

법무부장관 취임사

"늘 잊지 말자. 우리는 국민의 피 같은 세금으로 월급 받는 사람들이다. 국민들께 수준 높은 서비스로 몇 배로 돌려드려야 합니다."

2022.8.1.

신임 검사 임관식

"70년간 축적된 검찰의 수사와 재판에 대한 역량은 대한민국 국민의 자산입니다."

2022.9.22.

이해찬 전 더불어민주당대표가 회고록에서

한동훈을 '기득권 카르텔의 중심'이라고 지목한 것에 대해

"이 나라의 진짜 기득권 카르텔은 운동권 카르텔이라고 많은 국민들이 생각하실 것 같다."

2022.10.6.

국정감사 출석 전

"정상적인 정치인이라면 검사가 깡패 마약 수사하는 걸 두려워할 이유가 없다."

국정감사

"정치적 합의가 헌법과 법률에 우선할 수는 없다."

2022.11.10.

국회 인터뷰

"진흙탕에 뛰어들어가서 그런 것을 막는 것이 공직자의 진짜 품위라고 생각합니다."

2023년

2023.2.6.

국회 대정부 질문 출석 전 기자 인터뷰

"정치가 국민을 지키는 도구여야지 범죄 수사를 받은 정치인을 지키는 도구여서는 안 된다고 생각합니다."

2023.2.27.

이재명 체포동의안 요청 연설

"비유하자면 영업사원이 100만 원짜리 휴대폰을 주인 몰래 아는 사람에게 미리 짜고 10만 원에 판 겁니다."

2023.6.12.

이성만·윤관석 체포동의안 요청 연설

"돈 봉투 돌린 혐의를 받은 사람들의 체포 여부를 돈 봉투 받은 사람들이 결정하는 것은 공정하지도 공정해 보이지도 않습니다."

2023.11.11.

송영길 전 대표의 막말에 대한 입장문

"민주화운동을 한 분들이 엄혹한 시절 보여 준 용기를 깊이 존경하는 마음이 있다. 그러나 이분들 중 일부가 수십 년 전의 일만 가지고 평생 전 국민을 상대로 전관 예우를 받으려 하는 것은 전혀 다른 문제로, 민주화는 대한민국 시민 모두의 공이었다고 생각한다."

훈풍이 분다

대전 방문 당시

"여의도에서 300명만 쓰는 고유의 화법이나 문법이 있다면 그건 여의도 문법이라기보다는 '여의도 사투리' 아닌가요? 나는 나머지 5천만 명이 쓰는 문법을 쓰겠습니다."

`2023.11.24.`

울산 방문시, 최강욱 전 의원의 페이스북 글에 대해

"'이게 민주주의다, 멍청아' 이렇게 얘기했죠? '이게 민주당이다, 멍청아' 이렇게 하는 게 국민들이 더 잘 이해하실 것 같아요."

— '암컷' 발언으로 논란이 된 최강욱 전 민주당 의원이 페이스북에 이런 표현을 허용하는 게 민주주의라는 취지로 글(It's democracy, stupid : 이게 민주주의다, 멍청아)에 대해

`2023.12.19.`

'비대위원장을 맡기에 정치 경험이 부족한 것 아니냐'는 기자들의 질문에

"세상의 모든 길은 처음엔 다 길이 아니었습니다. 많은 사람들이 같이 가면 길이 되는 거죠. 그리고 진짜 위기는 경험이 부족해서라기보다 과도하게 계산하고 몸 사릴 때 오는 경우가 더 많았다고 저는 생각합니다."(중국 대문호 루쉰의 소설 <고향>에서 인용)

'윤석열 아바타'라는 비난이 나온다는 기자들의 질문에

"지금까지 공직 생활을 하면서 공공선을 추구한다는 한 가지 기준으로 살아왔다."

"그 과정에서 누구도 맹종한 적 없고 앞으로도 그럴 것"

2024.1.1.

국민의힘 중앙당 신년 인사회

"우리가 지향하는 자유민주주의 사회는 낯선 사람들 사이의 동료 의식으로 완성된다."

"100일 남은 국민의 선택을 앞두고 동료 시민에 대한 계산 없는 선의를 정교한 정책으로 준비해서 실천하겠다."

국립서울현충원 방명록

"동료 시민과 함께 대한민국의 미래를 만들어 가겠습니다."

2024.1.2.

국민의힘 대전시당 신년 인사회

"이 당에 들어온 지 며칠 안 됐는데 우리가 질 이유를 찾지 못하겠다. 상대도 우리가 더 상식적이라는 것을 속으로 인정할 것"

"필요한 것은 용기와 헌신"

"당의 자산과 보배들에게 필요한 헌신을 요구하겠다."

국민의힘 대구시당·경북도당 신년 인사회

"대구는 내 정치적 출생지 같은 곳"

국민의힘 비상대책위원회 회의

"다양한 영역에서 불합리한 격차를 줄이고 없애는 데 힘을 집중하겠다."

국립5·18민주묘지 방명록

"민주주의를 위한 광주 시민의 위대한 헌신을 존경한다. 그 뜻을 생각하며 동료 시민들과 함께 미래를 만들겠다."

국립5·18민주묘지 참배 후 기자 인터뷰

"5월의 광주 정신은 어려운 상황에서 민주주의를 지키는 정신으로 대한민국의 헌법 정신과 정확히 일치한다."
"헌법 전문에 5·18정신을 수록하는 것에 대해 적극 찬성한다."

충북도당 신년 인사회

"모든 이슈에서 중간 지점을 선택하는 건 답이 아니다. 어떤 이슈에선 오른쪽에서, 어떤 이슈에선 그보다 왼쪽에서 정답을 찾을 거다. 이를 통해 중도에 계시는 동료 시민들을 설득할 것"

국민의힘 사무처 당직자 시무식

"우리는 동료 시민들이 마실 물을 구하기 위해 깊은 우물을 파는 사람들"
"우물을 깊이 파려면 넓게 파야 한다."

한동훈 약력[*]

*
법무부 홈페이지의 소개본을 기본으로 하여 보완하였다.

2005 미국 Columbia Law School LL.M
1996 서울대학교 법과대학 법학 학사
1992 서울 현대고등학교

경력 사항

2023.12.26. 국민의힘 비상대책위원회 위원장
  2023.12.21. 한동훈 법무부장관 이임식
  2023.12.21. 국민의힘, 비상대책위원장으로 한동훈 지명
  2023.12.13. 김기현 당대표 사퇴 입장문 배포
  2023.12.12. 장제원 의원 불출마 기자회견
2022.5.17.~2023.12.20. 제69대 법무부 장관
2022.4.13. 윤석열 대통령, 한동훈 법무부장관 지명 발표
  2022.3.9. 윤석열 대통령 당선
  2021.11.5. 윤석열, 국민의힘 대선 후보
2021.6. 사법연수원 부원장(4차 좌천)
  2021.6.29. 윤석열, 대선 출마 선언
  2021.3.4. 윤석열, 검찰총장 사퇴
2020.10.14. 법무연수원 연구위원(충북 진천 본원, 3차 좌천)
2020.6.26. 법무연수원 연구위원(용인 분원, 2차 좌천)
2020.1. 부산고등검찰청 차장검사(검사장, 1차 좌천)
  2019.10.~ 조국 전 법무부장관 일가의 비리의혹 수사
2019.7. 대검찰청 반부패·강력부장(역대 최연소 검사장)
  2019 윤석열, 제43대 검찰총장
  2017 문재인 정부 적폐 청산으로 다스 비자금 횡령, 사법농단 사건 수사

2017.8. 서울중앙지방검찰청 제3차장검사

    2017.5.22. 윤석열, 서울중앙지검장

    2017.5.9. 문재인 대통령 당선

2016.12. 박근혜 정부의 최순실 등 민간인에 의한 국정농단 의혹 사건 규명을 위한 특별검사실(~2017.3)

    2016.12. 윤석열, 최순실 등 국정농단 사건 특검 수사팀장

2016 부패범죄특별수사단 제2팀장

2015 서울중앙지방검찰청 공정거래조세조사부장

    2014 윤석열, 대구고검 검사

2013 대검찰청 정책기획과장(~2014)

    2013 윤석열, 국정원 여론조작 사건 특별수사팀장에서 직무 배제

    2013 윤석열, 수원지검 여주지청장. 국정원 여론조작 사건 특별수사팀장

    2012.12.19 박근혜 대통령 당선

2011 법무부 검찰과 검사(~2012)

    2011 윤석열, 대검 중앙수사 1과장(~2013년)

    2010 윤석열, 대검 중앙수사 2과장

2009 대통령실 민정수석실 선임행정관(~2010)

2009 법무부 상사법무과 검사

    2009 윤석열, 대구지검 특별수사부 부장검사

    2008 윤석열, 대전지검 논산지청장

2007 부산지방검찰청 검사(~2008)

    2007.12.19. 이명박 대통령 당선

    2006 현대차 비자금 부당 거래 사건, 론스타 부실 매각 사건 수사

2006 대검찰청 중앙수사부 검찰연구관

2005 미국 연수(컬럼비아대 로스쿨, LLM)

    2003 SK 분식 회계 사건 수사

2003 대검찰청 중앙수사부 검찰연구관(~2004)

훈풍이 분다

2003 대전지방검찰청 천안지청 검사

    2002.12.19. 노무현 대통령 당선

2001.5.1 서울지방검찰청 검사

1998 공군법무관(강릉)(~2001)

1998 사법연수원 수료(27기)

    1997.12.18. 김대중 대통령 당선

1996 서울대학교 법과대학 학사

1995 제37회 사법시험 합격

    1994 윤석열, 대구지검 검사

1992 서울 현대고등학교

    1991 윤석열, 제33회 사법시험 합격

1973. 4. 9 출생(강원도 춘천)

발행 후기

    정치는 기본적으로 세 싸움이다. 당연히 세력의 이익을 추구한다. 그동안은 국민을 위하고 나라를 위하는 정치를 하고자 노력했다. 그러나 언제부터인가 노골적으로 국민을 위한 정치가 아니라 세력을 위한 정치로, 백성을 위한 정치가 아니라 당파를 위한 정치로 변질되었다. 현재 우리는 가장 위험한 입법 독재가 펼쳐지는 정치판을 겪고 있다.

    이제 국가 차원의 의사결정 체제를 재정립해야 할 시기가 왔다. 그런 의미에서 제22대 국회의원 총선거는 새로운 정치 질서 구축을 논의하는 국회가 되어야 한다. 그래서 4·10총선 결과가 중요하다. 국민의 이름으로 1987 체제의 헌법 개정이 가능한 정치 지형을 만들어내야 한다.

    일각에서는 이념 논쟁을 세월 지난 논쟁거리, 상투적 논쟁으로 치부한다. 그러나 한반도에는 여전히 이념이 상존한다. 김정은의 적화 통일 대남관에 동조하는 발언이 국회 토론회장에서 아무 제지 없이 나오고 있다.

    남과 북이 대치하고, 공산주의가 변질되어 '공산'(共産)이 빠지고 백두혈통이라고 주장하는 김씨 왕조 체제가 되어버린 북한이 존재하고, 그들의 무력 적화 통일을 지지하는 상황에서 이념 논쟁은 끝날 수가 없다.

제22대 국회에서 새로운 남북관계가 설정되고, 통일 정책이 형성되어야 한다. 여야를 불문하고, 정권 교체에 관계 없이 남북 관계의 틀, 통일 정책의 틀이 구축되어야 한다. 그래야 대한민국의 미래가 있다.

정상배(政商輩)들이 아닌 정치가(政治家)들로 구성되는 제22대 국회가 구성되어 대한민국의 미래를 밝힐 수 있기를 간절히 바라며 이 책을 출판한다.

2024년 2월
발행인 이경직

훈풍이 분다

초판 1쇄 발행
2024년 3월 1일

펴낸이   이경직
펴낸곳   도서출판 모담사

주소   경기도 김포시 봉화로181번길 31-14
전화   031-985-3941
이메일   lhkyjc@naver.com

ISBN   979-11-983889-1-9   **값**   18,000원